아동 장애별 치료를 위한
적극적이고 효과적인

놀이
치료
기법

PLAY THERAPY
ENGAGING & POWERFUL TECHNIQUES
FOR THE TREATMENT OF CHILDHOOD DISORDERS

Clair Mellenthin 저
이순행 · 심혜원 공역

학지사

역자 서문

오랜 세월 아동상담자(혹은 놀이치료사)가 되려는 이들에게 놀이치료에 대한 이론과 실습을 가르쳐 오면서 실제적인 지침서가 부족하다는 아쉬움이 있었다. 특히 현장에서 이미 놀이치료를 시작한 이들은 놀이치료의 필요성과 원리, 나아가 효과성은 분명히 인식하고 있으나 여러 증상을 보이는 아동과 그로 인한 갈등과 어려움에 직면해 있는 부모를 어떻게 다뤄야 할지 막막해하곤 한다. 예를 들어, 학대나 방임으로 외상을 경험한 아동을 만났을 때 안전과 신뢰의 개념이 중요하다는 것은 알고 있지만, 구체적으로 어떤 개입이 아동에게 안전과 신뢰를 증진시킬 수 있을지는 막연해하는 것이다. 그런 의미에서 이 책은 학생과 임상가들이 놀이치료에 대한 이론적인 토대를 갖고 있다는 전제하에, 아동의 행동적인 문제에 중점을 두고 매우 실제적이고 구체적인 개입방법을 사진과 함께 소개하고 있다는 점이 매력적이다. 더욱이 치료에 있어서 부모와 가족의 역할이 갖는 중요성을 강조하고 있는 점에 깊이 공감이 간다.

　그러므로 이 책은 아동상담과 놀이치료 전공의 실습 교재로 활용하기에 좋고, 임상가들의 놀이치료 지침서로 사용하기에도 적절하다. 일부 개입방법이 국내의 정서나 현실에 맞지 않는 부분이 있지만 최대한 원문에 충실히 번역하였고, 이러한 부분은 이 책을 활용하는 이들이 각자의 문화와 상황에 맞게 유연성을 발휘하여 조율해 가기를 당부드린다.

　대상관계 이론가인 도널드 위니컷(Donald Winnicott)은 "심리치료란 두 가지 놀이영역, 즉 내담자의 놀이영역과 치료사의 놀이영역이 겹치는 데서 이루어진다. 치료사가 놀이를 할 수 없다면 그는 그 일에 적합하지 않다. 또한 내담자가 놀이를 할 수 없다면 심리치료는 내담자가 놀이를 할 수 있도록 진행되어야 한다."[1]라고 했다. 이 책이 우리 모두의 놀이 능력을 일깨우는 작은 불씨가 되길 기대한다.

　마지막으로, 이 책의 번역을 기꺼이 수락해 주신 학지사 김진환 대표님과 부족한 원고를 꼼꼼히 읽고 정리해 주신 편집부 여러분께 깊은 감사를 드린다.

2022년 7월
역자 이순행, 심혜원

---

1 Davis, M. & Wallbridge, D. (1985). *Boubday and space*. 이재훈 역(1997). **울타리와 공간**. 서울: 한국심리치료연구소. pp. 83-84.

저자 서문

놀이치료에 대한 필자의 열정은 학부 시절부터 시작되었는데, 당시 운 좋게도 유타주 솔트레이크시티에 있는 아동센터에서 인턴십을 하게 되었다. 그곳에서 놀이의 치료적 힘을 경험하게 되었다. 이 경험을 통해 필자가 아동과 가족을 위해 일하는 것을 좋아한다는 것을 알게 되었고, 서던캘리포니아대학교의 철저한 교육과정과 임상 인턴십 프로그램을 찾게 되어 효과적인 치유 과정에 대한 이해와 지식을 키울 수 있었다. 지난 17년간 무수한 아동의 이야기와 치유 과정을 목격하는 영광을 누려 왔는데, 그것이 바로 놀이치료 작업이다!

놀이치료는 말 없는 이들에게 목소리가 되고 힘없는 이들에게 힘이 된다. 놀이를 통해 치유가 가능해지고 치유가 일어난다. 이 직업의 가장 좋은 점은 아동이 말못 할 마음의 고통을 경험한 후 다시 미소 짓는 방법을 배우는 과정을 지켜볼 수 있다는 것이다. 또한 필자는 지난 몇 년간 치료의 시작부터 놀이치료 과정에 부모가 참여하는 것이 얼마나 중요하고 효과적인지 확인했다. 당신은 이 책에서 많은 개입이 부모-자녀의 애착을 촉진하고, 회복하며, 강화하는 데 활용되도록 기술되었음을 보게 될 것이다. 부모는 자녀의 치유 과정에 결정적인 역할을 하고, 자녀의 진단이 무엇이든지 간에 부모가 얼마나 노력하느냐에 따라 진전을 보일 수 있다는 점을 잊으면 안 된다.

필자가 이 책을 쓰기 시작했을 때, 여러 해 동안 실시해 왔던 개인적인 개입 그 이상이 필요하다는 것을 강하게 느꼈다. 필자는 항상 머리가 하나인 것보다 둘인 것이 낫다고 믿기에, 필자의 놀이치료 동료와 다른 임상가들에게 자문을 하고 그들의 고유한 놀이치료 개입에 영향을 받았다. 이 책에 있는 각각의 개입은 다른 놀이치료 책에 출간된 적이 없는 고유한 것이다.

Clair Mellenthin

이 책의 사용법

이 책은 아동 및 가족과 작업하는 임상가를 돕기 위해 만들어졌다. 독자에게 단지 유용하고 창조적인 개입 '비법'을 제공하는 것뿐만 아니라 정신건강 문제, 포함된 위험 요소 및 각각의 장애 안에서 다루어져야 할 부모-자녀 관계의 영향력에 대한 이해를 촉진할 것이다. 유능하고 확신 있는 아동 임상가가 되기 위해서는 단지 장애를 어떻게 다룰지만 이해하는 게 아니라, 왜 놀이치료가 효과적이고 강력한지 이해하고 있어야 한다. 임상가는 각각의 개입에 대한 이론적 토대를 이해하고, 왜 그것을 사용해야 하는지, 내담 아동에게 특정 개입을 사용해서 무엇을 성취하고자 하는지 인식하고 있어야만 한다.

각각의 장에서 '전형적으로 밖으로 드러나는 행동적인 문제' '가족 기능의 영향력' '치료에서 부모의 역할' '대중적으로 유용한 놀이치료 개입의 견지'에서 특정 진단을 탐색할 것이다. 각각의 장에서 특정한 정서적 문제와 정신건강 문제를 중요시하더라도, 각각의 진단적 용어의 의미(예: 제1장의 불안은 일반적인 의미이지만, 진단체계로서의 불안으로도 사용되어야 한다.)로 다루어질 것이다. 이 책의 여러 개입은 아동기 정서적·행동적 문제에 다양하게 접목될 수 있을 것이다.

필자는 이 책이 초보 및 경력 임상가 모두에게 유용해지고, 놀이치료 훈련에 영감을 주길 희망한다. 필자는 또한 당신이 입증된 놀이치료 효과에 대해 더 배우고자 하는 열정이 생기고, 아동과 가족을 치료하는 당신의 개입방법과 협력할 수 있기를 희망한다.

Clair Mellenthin

차례

제1장

놀이에 관한
중요한 문제는 무엇인가

> 놀이는 우리의 정신을 맑게 하고 삶의 모습을 밝혀 주는 즐겁고 신나는 활동이다.
> 놀이는 자기표현, 자기인식, 자기성취 그리고 자기효능감을 확장한다.
> 놀이는 스트레스와 지루함에서 벗어나게 하고, 사람들과의 관계를 긍정적으로 이끌고,
> 창조적 사고와 탐험을 자극하고, 정서를 조절하며, 우리의 자아를 강화한다.
>
> —Garry Landreth

놀이치료의 세계에는 **"놀잇감은 아동의 단어이며, 놀이는 그들의 언어이다."**(Landreth, 2002, p. 16)라는 얘기가 있다. 아동은 놀이를 통해 주변의 세상을 탐험하고, 경험하며, 참여한다. 우리는 종종 영웅과 닌자의 힘을 빌려 사나운 괴물과 전투를 벌이고, 거대한 야수를 정복하는 아동을 보지 않는가? 또는 놀이 속 집에서 그들의 부모와 양육자를 흉내 내며 똑같이 말하거나 애완동물 이름을 부르는 아동도 보지 않는가? 필자는 엄마로서, 필자의 어린 딸이 놀이 중에 "귀요미"라고 부르기 전까지는 필자가 "아가야" "얘야"라는 말 대신에 그 말을 쓴다는 사실을 의식하지 못했다. (내가 때로 내뱉는 그리 아름답지 않은 다른 언어는 따라 하지 않는 게 얼마나 감사하던지!)

아동중심 놀이치료의 선구자 중 한 사람인 게리 랜드레스(Garry Landreth)는 "놀

이는 아동의 자연스러운 자기표현이다."라고 주장한다. 성별, 문화, 민족적 계열을 떠나, 모든 아동은 놀이에 열중한다. 놀이 도구는 다를지라도 이는 아동기의 언어이다. **아동의 언어를 진실로 이해하고 싶다면, 우리는 반드시 그들의 언어를 사용하고 배워서 그들의 세계 속으로 들어가야 한다.** 우리는 아동을 그들의 안전지대와 언어의 세계에서 쫓아내지 말고 그 세계에 현존하기에 충분히 용감해야 하며, 그렇게 함으로써 우리의 성인 세계와 인지적 이해 수준으로 돌아와서 안심할 수 있게 된다. 많은 임상가, 심지어 경험이 많은 임상가조차도 아동이 놀이라는 모국어를 통해 그들 자신의 요소로 작업하는 것이 얼마나 결정적인지 이해하지 못하는 실수를 저지르고 있다.

수 세기에 걸쳐 고대 그리스 철학자와 작가들은 놀이의 힘에 대해 설명해 왔다. 플라톤(Plato)은 놀이의 중요성에 관해 저술했고, 놀이는 아동발달과 의사소통 확장에 강력하고 결정적 요소라는 점을 주장했다. 그는 "한 사람과 1년간 대화하는 것보다 1시간 놀아 보면 더 많은 것을 알게 된다."라고 적었다. 놀이하는 동안, 억제는 낮아지고, 웃음은 증가하며, 자유로워진다. 많은 경우, 순간에 머물며 즐거움을 느끼는 가운데 진정한 자기(self)가 드러난다.

놀이는 일반적으로 '아동의 활동'이라고 생각하지만 성인기조차 놀이는 심리적 안녕과 관계에 결정적이다. 나이가 들어 감에 따라 놀이의 언어와 속성은 바뀌지만 성인기라고 덜 중요한 것은 아니다. 성인은 보다 조직화된 활동, 스포츠, 예술, 혹은 신체적 활동으로 놀이를 할 것이다. 놀이는 자발성과 웃음 가운데 창출된다. 낭만적인 관계에서 놀이를 멈춘다면 어떤 일이 벌어지겠는가? 관계가 뒤틀리고 고통스러워질 것이다. 놀이 없는 관계에서는 즐거움을 찾기 어렵다. **이것이 신생아부터 죽음의 순간에 이르는 전 생애를 통해 놀이가 필요한 이유이다.** 놀이는 변하고, 놀기 위해 사용되는 언어도 나이가 들어 감에 따라 달라지겠지만 놀이라는 점은 같다.

인간 발달

놀이는 영아기 발달에 있어 자기조절 능력을 가르치고, 대근육과 소근육 발달, 양육자와의 건강한 애착 발달에 있어 결정적이다. 많은 임상가가 마거릿 아인스워

스(Margaret Ainsworth)가 1969년에 내놓은 어머니와 아기의 관계에 관한 연구인 '낯선 상황'에 대해 잘 알고 있다. 참여자들은 연구하는 동안 그들의 영아 자녀에게 반응해 주다가 반응을 보이지 않는 모습을 촬영했는데, 결과는 충격적이었다. 엄마가 자녀를 바라보며 속삭이고, 간지럽히고, 접촉하는 동안에는 영아가 옹알이하고 뒤돌아 미소를 지었다. 엄마가 영아의 필요와 정서에 반응함에 따라 영아의 정서는 조절되고 행복하며 안정된 상태를 유지했다. 그러나 엄마가 무표정하게 아동을 바라보면, 엄마가 반응을 보이지 않는 수 초 내에 빠르게 침을 흘리고, 울고, 동요하면서 정서 조절이 안 되었다. 이 연구는 영아가 발달하는 동안 애착 형성을 위해 관여와 조율이 얼마나 중요한지 보여 주었다.

영아기 후기에 놀이는 이후 부모와의 안정적인 애착 형성으로 변환되는 대상 영속성 발달에도 결정적이다. 부모는 종종 장난감 숨기는 놀이를 하는데, 아기는 딸랑이가 보이지 않아도 엄마의 등 뒤나 담요 속에 있다는 것을 인식하게 된다. 많은 아기가 곧바로 잃어버린 장난감을 찾고 의기양양하게 기뻐하는데, 이 같은 일을 반복하는 가운데 결정적 발달과제인 대상 영속성을 배우고 성취하게 된다.

까꿍 놀이는 단순히 아기와 놀아 주는 방법에 그치지 않고 동시에 애착 유대를 창출하고 대상 영속성을 가르친다. 아기가 아빠가 여전히 그의 손 뒤에 있고 웃는 얼굴로 나타날 거라는 것을 배움으로써 그것은 부모와 아기 사이에 즐거운 재결합이 되고, 이는 아기에게 "당신이 지금 보이지 않아도 나는 여기에 있고 당신은 돌아올 거예요."라는 것을 가르친다.

후기 걸음마기와 유치원 시기 놀이는 그들을 둘러싼 세계를 이해하는 방식이다. 아동은 그들의 주변 환경을 주제로 놀이하기 시작하고, 그렇게 함으로써 독립과 자기완수가 필요하다는 것을 배우게 된다. 이 시기 유치원이나 보육시설에 가게 됨으로써 부모-자녀 관계에 의미 있는 변화가 일어나기 시작한다. 이것은 낮 동안 양육자와 오랜 시간 떨어지게 되는 첫 번째 경험이 되곤 한다. 영아기 대상 영속성을 이해하는 것이 아동의 안녕에 매우 중요하다. 아동은 "나는 여기 남겨지지만 당신이 돌아올 거라는 것을 알아요."라는 것을 배운다. 낮 동안, 많은 시간 아동은 자기 삶에서 성인의 역할을 탐색하고 이해하며 놀이하게 되고, 다른 사람과 함께하는 법을 배우고, 상상력이 발달한다. 아동은 놀이를 통해 다양한 역할을 해 보고, 권한, 양육, 유대, 슬픔, 아픔, 건강 그리고 공감을 경험한다. 이 모든 것이 아동의 자기감 형성을 돕는다.

신경 과학

이제 우리는 놀이가 영아기 두뇌발달에 필수적이라는 것을 안다. 연구자들은 기술이 가능해짐에 따라 1990년대에 PET를 통해 뇌활동을 보기 시작했다. 그들의 발견은 충격적이었다. 과학자들은 참가자들이 인간 의사소통의 다른 어떤 형태보다 은유에 노출되었을 때 뇌신경 촬영 시 많은 영역에 불이 들어온다는 것을 발견했다(Levin & Modell, 1997)! 은유와 상징(즉, 놀이)에 노출되는 것은 두뇌발달에 유익한 효과를 주므로, 연구자들은 놀이가 새로운 신경 경로는 만들어서 영아의 사회 기술, 정서 기술, 의사소통 기술 그리고 관계 기술 발달에 도움이 된다고 주장한다(Levin & Modell, 1997). 놀이를 하고 있을 때 상징적 은유가 최상의 형태로 두뇌의 모든 부분이 연결되도록 하는데, 이것이 아동의 긍정적 발달을 이끌게 된다. 보다 최근에는, 뇌가 의미 있는 정보에 감정과 정서, 경험을 어떻게 결합해 가는지 계속 발견했다. 우리는 놀이가 뇌의 건강한 발달에 얼마나 결정적인지, 또한 학대, 방임, 외상이 뇌발달에 어떠한 부정적 영향을 미치는지 발견하고 있다. 제11장에서 외상이 뇌에 미치는 깊은 영향력을 탐색할 것이며, 동시에 놀이가 손상된 경험을 회복시키는 데 얼마나 건강한 기제인지 밝힐 것이다.

애착

놀이는 단지 즐겁고 재미있는 활동일 뿐 아니라, 애착에 결정적으로 필요한 것이다. 앞서 논의했듯이, 놀이는 아동의 신체적·정서적 발달에 결정적이다. 신경과학은 놀이가 옥시토신을 활성화해서 다른 사람과 관계를 맺고 애착, 유대를 형성하는 능력을 촉진한다는 것을 발견했다(Bartz, 2012). 놀이를 통해 아동과 부모 사이에 최초로 이루어져야 할 애착, 유대가 강화되고, 상호 조율과 조절이 필요하다는 것을 알게 된다(Shore, 1999).

놀이와 놀이치료의 차이는 무엇인가? 많은 놀잇감을 가지고 어떻게 의도된 치료로 놀이할 수 있는가? 치료 회기에서 놀잇감을 가지고 노는 것과 놀이치료는 같은 것이 아닌가?

많은 학생과 전문가는 비슷한 질문을 해 왔을 것이다. 사실 놀이를 한다는 것과 놀이치료를 한다는 것에는 많은 차이가 있다. 놀이 그 자체에 많은 치료적 가치가 존재하더라도 이것이 놀이치료의 필수적인 구성요소는 아니다. 이는 연령을 초월한 많은 임상가가 잘못 이해하는 부분이다. 놀이치료는 아동과 치료자가 춤을 추는 것과 같은데, 아동은 놀이를 했다가 놀이치료를 위한 치료적인 놀이를 했다가 다시 놀이를 한다. 우리는 종종 놀이치료 회기에서 이러한 단계를 왔다 갔다 한다. **놀이와 놀이치료의 주요한 차이는 치료적 의도와 목적이다.** 모든 놀이는 본질적으로 치료적인데, 다른 사람과 연결되고, 경이로 주변 세상에 참여하며, 스트레스와 지루함에서 놓인다. 놀이치료는 특별히 훈련된 정신건강 임상가들이 놀이의 힘을 이용하여 아동(혹은 성인) 내담자에게 치료적 경험을 제공한다는 점에서 특수한 치료적 양상이다.

우리는 앞으로 어떻게 놀이치료를 하고, 왜 놀이치료를 해야 하는지 살펴볼 것이다. **필자는 이 책을 주제에 따라 읽기보다는 처음부터 차근차근 읽기를 (각각의 장이 마지막까지 연결되므로) 권한다.** 이 책을 다 읽고 난 뒤, 당신의 임상 실제에 놀이치료를 활용하는 능력이 향상되고 공인된 놀이치료사가 되는 데 한 걸음 더 나아가게 되길 희망한다.

제2장
놀이치료는
어떻게 작업하는가

놀이는 아동의 작업이다.

―Eliana Gil

가정이나 학교에서 아동에게 가족의 삶과 같은 일상적 기능을 하는 데 문제가 될 만한 정서적·행동적인 어려움이 생길 때 놀이치료에 가장 많이 의뢰된다(Fine & Willngham, 2011). 부모, 교사, 돌봄교실, 소아과의사, 사회복지사, 사례관리자로부터 의뢰가 올 것이다. 다음의 증상의 조합을 경험하는 아동은 놀이치료로 도움을 받게 될 것이다.

- 학업적으로나 사회적으로 잠재력을 완전히 발휘하지 않음
- 악몽이나 수면장해
- 학교에서 사회적으로 고립될(혹은 고립시킬) 위험
- (신체적·정서적·성적) 외상 경험
- 입양(혹은 입양 진행 중)

- 부모의 이혼/분리
- 불안, 스트레스 혹은 공포의 경험
- 어떤 종류의 상실 경험
- 위축이나 불행감
- 유뇨증, 유분증
- 자폐, 장애 혹은 만성적 질병
- 친구를 사귀거나 관계 유지 어려움
- 가족이나 친구와의 논쟁, 잦은 싸움
- 다른 사람을 괴롭히거나 괴롭힘을 당함
- 부적절한 행동을 보임
- 편견이나 차별
- 놀지 않음

놀이치료학회(The Association for Play Theraphy, 2016)는 놀이치료를 다음과 같이 정의한다.

> 훈련된 놀이치료자가 내담자의 심리적 어려움을 예방하거나 해결하는
> 것을 돕기 위해, 적정의 성장과 발달을 돕기 위해 놀이의 치료적 힘을 사용
> 하는 대인관계 과정을 세우기 위한 이론적 양식의 체계적 사용이다.

쉐퍼와 오코너는 이 이론과 치료적 양식에 대해 "놀이치료는 즐겁고, 본질적으로 완벽하고, 인간-지향적이고, 다양하고 유연하며, 비도구적이고, 자연스러운 흐름이 있는 행동에 참여하는 아동의 능력을 최대치로 끌어올리려는 시도이다."라고 보다 명료하게 설명하였다(Schaefer & O'Conner, 1983). 놀이치료자는 아동이 천성적으로 적응유연한 능력이 있고, 그들이 받은 보이지 않는(때로 보이는) 상처를 치유하는 힘이 있다는 것을 믿는다.

놀이치료에서 놀이치료자는 정신건강을 촉진하기 위해 놀이의 힘과 언어를 이론적 모델과 연결하여 연령이 낮거나 높은 아동을 치료한다. 놀이치료에 결정적인

이론적 요인들이 있지만 특정한 이론적 지향에 한정되지 않는다. 때로, 특정한 '법칙'과 지침을 가진 명백한 모델이 없다는 것이 혼란스럽게 느껴질 수 있다. 게리 랜드레스는 다음과 같이 저술했다(Landreth, 2002, p. 16).

> 놀이치료는 아동(혹은 모든 연령의 사람)과 놀이치료 절차를 훈련받은 치료자 사이의 역동적인 대인관계로 정의할 수 있는데, 치료자는 아동(혹은 모든 연령의 사람)이 자기(감정, 사고, 경험, 행동)를 완전히 표현하고 탐색할 수 있도록 안전한 관계 발달을 촉진하는 놀잇감과 시설을 선별하여 제공할 수 있어야 한다. 이처럼 놀이와 아동의 자연스러운 의사소통 매체를 통해 적정한 성장과 발달을 이뤄 간다.

놀이치료는 아동이 스스로를 치유하는 능력을 타고났고, 적응에 유연하며, 스스로 변화를 이끌어 낼 수 있는 존재라는 지배적인 신념하에 다양한 이론적 모델을 포함한다.

그렇다면 아동이 그들 스스로 이 모든 것을 해낼 수 있는데, 왜 우리가 놀이치료를 해야 하는가? 아동에게 타고난 치유 능력이 있다고 하더라도 치유를 향한 그들의 여정에는 성인 조력자가 필요하기 때문이다.

놀이치료자는 아동발달과 아동 및 가족 치료에 대해 특별한 훈련을 받은 자격을 갖춘 정신건강 임상가로서 다양한 이론을 접목한 놀이치료에 전념해 온 사람들이다. 그들은 공인놀이치료 슈퍼바이저(RPT-S)라는 훈련된 놀이치료자에게 반드시 임상 슈퍼비전을 받아야 한다. 정신건강 임상가라도 필수적인 공식 훈련을 받고 공인놀이치료사(RPT) 자격증을 받은 사람만 '놀이치료자'라고 불릴 수 있다(미국이 아닌 다른 나라의 자격 명칭은 다르겠지만 훈련에 요구되는 과정은 매우 유사하다). 공인놀이치료사(RPT)에 대한 정보가 더 궁금하다면 놀이치료학회 웹사이트(www.a4pt.org)를 참고하기 바란다.

지시적 대 비지시적 놀이치료

이론적 지향에 따라 임상가들은 내담자에게 놀이치료를 적용할 때 선호하는 접근법이 있을 것이다. 지시적 놀이치료와 비지시적 놀이치료는 대표적인 두 종류의 접근법이다. 지시적 놀이치료는 매우 구조화된 인지행동에 기초한 접근법이 단연코 우세하다. 아론 벡(Aron Beck)은 1960년대에 성인을 위한 인지행동치료(CBT)를 개발하였는데, 어린 내담자에게도 이론적 효과가 있다고 밝혔다(Porter, Hernamdez-Rief, & Jessee, 2009). 이 접근법에서 놀이치료자는 놀이를 지시하고, 과정 중에 질문을 주도하며, 전반적인 '책임'을 지게 된다. 지시적 놀이치료에서 주요 목표는 아동이 삶의 도전과 투쟁에 맞서 건강한 대처 전략을 발달시키도록 돕는 것이다(Porter et al., 2009). 치료자는 손인형이나 동물인형과 같은 도구, 방대한 놀잇감을 사용해서 아동이 긍정적 관점과 건강한 대처 기술을 발달시키고 행동적 어려움이 나아지도록 한다.

놀이치료훈련 초기단계에 있는 대부분의 사람은 개입이 매뉴얼화되어 있고 따라 하기 쉬우므로 이 접근을 편안하게 느낀다. 이 워크북에도 많은 개입법이 소개되어 있다. 지시적 놀이치료는 구조화된 활동중심의 개입과 촉진을 함으로써 집단 놀이치료나 가족치료 회기를 진행할 때 매우 유용하다. 이는 불안, 분리불안, 외상 문제를 겪는 아동과 작업할 때 자주 사용되는 치료 양식이다(Porter et al., 2009).

비지시적 놀이치료는 지시적 놀이치료와는 유의하게 다르다. 비지시적 놀이치료를 사용할 때 놀이치료자는 놀이에서 대체로 관찰자이지만(물론 아동이 놀이치료자를 경험의 일부로 초대할 때는 참여자가 되기도 한다.) 놀이치료 과정에서 필수불가결한 부분을 차지한다. 이런 종류의 개입은 아동중심이 되고, 이는 치료자의 최소한의 개입과 지시 가운데 아동이 '책임'을 지고 놀이를 이끈다. 아동은 놀이를 이끌어 가고, 놀이에 역할이 있다면 치료자에게 무엇을 할지 지시한다. "모든 사람이 안전을 느껴야 한다." 혹은 "우리 중 아무도 다쳐서는 안 된다."와 같은 안전을 위한 제한 설정을 한다. 치료자는 거기서 안전, 이해 그리고 안정감을 제공할 뿐, 놀이 활동을 지시하지 않는다(Landreth, 2002; Porter et al., 2009).

버지니아 엑슬린(Virginia Axline)은 1947년에 놀이치료의 여덟 가지 원리를 발전시켰는데, 이것이 아동중심 놀이치료를 하는 많은 이에게 지침으로 이어지고 있다. 그 원리는 다음과 같다(Axline, 1947; Porter et al., 2009).

- 아동과 따뜻하고 우호적인 관계를 맺는다.

- 아동을 있는 그대로 수용한다.
- 아동이 자신의 감정을 온전히 자유롭게 표현할 수 있도록 허용적인 관계를 구축한다.
- 아동이 표현하는 감정을 알아차리고 반영한다.
- 아동의 문제해결 기술을 존중한다.
- 아동이 이끌도록 하고, 아동의 행동을 지시하지 않는다.
- 치료는 의도 없이 점진적으로 진행되도록 한다.
- 치료관계에서 아동의 책임을 인식시켜야 할 때만 제한을 설정한다.

많은 치료자는 비지시적 놀이치료가 치료자의 유의미한 존재감을 필요로 하므로 겁을 내기도 한다(Crenshaw & Kenney-Noziska, 2014). 아동중심 모델을 활용할 때 놀이치료 과정에 보다 직접적으로 관여하지 않는다. 당신은 반드시 이 접근에서 아동과 온전히 존재해야 하며 놀이의 치유적 힘과 치료적 관계가 작동하다는 것을 믿어야 한다. 이는 어린 아동과 작업하는 중요한 임상적 기술이므로 그 과정에 대한 믿음을 배우고 이러한 접근에 익숙해지려면 시간이 필요하다.

실제에 놀이치료 적용하기

아동과 만나기 전에 부모(혹은 보호자)를 상담하는 것은 중요하다. 아동에게 치료를 시작하기 전에 아동 없이 부모상담을 할 것을 권하는데, 부모가 경험하는 아동의 어려움에 대해 솔직한 대화를 나눌 수 있는 기회가 될 뿐만 아니라 임상가가 비밀, 치료 목표, 부모 개입에 대한 기대를 설정하는 기회가 되기도 한다. 상담이 진행되는 동안, 의뢰 사유뿐 아니라 이전의 치료적 개입과 평가 경험, 의학력, 사회력, 가족력, 학교력을 포함하는 아동의 발달력에 대해 가능한 한 많은 정보를 얻는 것이 중요하다(Fine & Willingham, 2011). 임상가는 부모에게 평가와 관계 형성 과정에 대한 교육을 제공함으로써 아동 치료의 성공에 열쇠가 되는 부모와의 치료적 동맹을 형성할 수 있다.

필자는 이상적으로 매주 같은 시간에 최소한 여섯 번의 연속적인 치료 회기가 이어지도록 계획을 세울 것을 추천한다. 이는 치료 과정에 연결성을 제공할 뿐 아니라 아동과 부모 모두가 상담에 참여하는 데 느끼는 불안을 감소하도록 도와준다. 부모에게 평가와 관계 형성 과정에 대해 교육하는 것은 배움의 기회가 될 뿐만 아니라 아동과 부모 모두와의 치료 동맹에 결정적인 역할을 한다.

많은 치료자가 보험청구와 지불을 위해 첫 번째 방문했을 때 정신건강 진단을 내리지만, 사실 평가 기간은 한 번의 개인 회기 그 이상의 많은 시간을 필요로 한다. 아동이 참석한 첫 놀이치료 회기의 주요한 목표는 라포 형성이고 치료자와 함께하는 놀이치료실 환경에 아동이 편안함을 느끼도록 돕는 것이다(Landreth, 2002). 이어지는 두 번째 회기는 평가 기간으로, 아동이 관계를 형성하고 진정한 자기로 행동하도록 기회를 준다. 많은 아동이 치료 초기 회기에 자신의 최선의 모습을 보여 주거나 최악의 모습을 보이는데, 이는 의뢰 사유와 관련된다. **아동과 부모 모두의 현실적이고, 발달적으로 적절한 기대를 갖도록 하는 것이 치료 동맹에 결정적이다.** 평가 기간에 부모를 교육하는 것은 초기 세 번째 회기에 하는 것이 치료자의 부담을 줄이고 치료 동맹 형성을 가능하게 한다.

이상적으로, 놀이치료자는 규모가 크고, 아동이 선택할 선별된 놀잇감으로 가득 찬 잘 정비된 놀이실을 원한다. 그러나 놀이치료를 하는 많은 임상가는 기관에 소속되어 있고 예산이 제한되므로 전통적인 사무실 공간 밖에 분리된 치유적인 공간을 소유할 능력이 부족하다. 필자는 놀이치료를 실시하고 놀잇감을 보관하도록 할당된 사무실 공간이 있는 임상 현장에서 일하기를 추천한다. Pinterest 웹사이트를 검색하면, 심미적으로 매력적인 공간이 수없이 창출되어 있다. 또한 독자들이 필자의 유튜브 채널을 방문해서 '이동 가능한 놀이치료실 꾸미기(Building a Portable Playroom)'를 시청해 보길 바란다.

놀이치료자의 도구

놀이치료자의 가장 중요한 도구는 창조성과 유연성인데, 놀이치료자가 놀잇감과 다른 자료들이 어떻게 사용되어야 하는지에 대한 획기적인 생각과 전략을 갖고 있지 않다면 아동을 돕지 못할 것이다. 여전히 최근 연구에서는 특수한 놀잇감이 매우 중요하고, 놀이치료자의 임상 현장에 필요하다는 점을 강조한다(Ray et al., 2013; Kottman, 2013).

테리 코트만(Terry Kottman)의 다섯 종류의 놀잇감에 기초해, 놀이치료실을 위한 전략을 소개한다.

다섯 종류의 놀잇감	가족/양육 놀잇감	인형, 인형의 집, 아기인형, 그릇, 부엌 놀이, 요리도구, 음식, 손인형, 모래박스와 모래
	무서운 놀잇감	파충류, 공룡, 벌레, 거미, 뱀, 용, '사나운' 표정의 손인형
	공격적인 놀잇감	검, 총, 칼, 수갑, 방패, 밧줄, 장난감 군인, 탱크, 펀치백
	표현 놀잇감	물감, 고무찰흙, 점토, 크레용, 마커, 가위, 공예도구, 깃털, 달걀 상자, 종이, 테이프
	가장/환상 놀잇감	의상, 지팡이, 요정 날개, 가면, 보석, 전화, 병원놀이 도구, 동물원 동물, 블럭

임상가들은 놀이치료실을 꾸미는 비용에 대해 걱정하게 된다. 놀이치료를 할 때 꼭 필요한 놀잇감이 있지만, 랜드레스는 치료자는 "놀잇감을 선택해야지, 모으면 안 된다."라는 날카로운 지적을 했다. 앞의 '이동 가능한 놀이치료실 꾸미기' 영상을 본다면 많은 공간을 차지하지 않고 많은 비용이 들지 않는다는 것을 보게 될 것이다. 가장 중요한 도구는 **당신**이고 유연하고 창조적인 당신의 능력이라는 점을 잊지 않길 바란다.

제3장
주의력결핍과잉행동장애
놀이치료 개입

> 아동이 사물에 대해 충분히 사고하기 위해서는 사물을 가지고 충분히 놀 필요가 있다.
>
> —Jean Piaget

미국에서 주의력결핍과잉행동장애(Attention Deflicit Hyperactivity Disorder: ADHD)로 진단을 받은 아동의 수가 2백만 명이 넘는다. 이 진단을 받은 아동은 일상 기능에 손상을 줄 만큼 높은 수준의 부주의, 과잉행동 및 충동성을 보이기에 교사들이 상담을 의뢰하거나 심리검사를 받도록 권하는 주요 사유가 된다(Ray, Schottelkorb, & Tsai, 2007).

ADHD 증상	• **부주의**: 장시간 주의를 기울이는 것이 어렵고, 학교에서 혹은 수업 중에 종종 백일몽을 꾸거나 '멍한' 상태가 됨. • **과도한 자극 추구**: 다리 떨기, 물건 두드리기, 대상 핥기, 다른 사람 만지기 등 지속적인 움직임을 보임. • **과잉행동**: 쉽게 각성되고 조절장애를 보이며, 제한 설정에 따르거나 적절한 수준의 신체반응이 어려움(많은 부모와 교사가 이러한 모습을 보며 흥분한 것 같다고 말함). • **과민성**: 쉽게 좌절하고, 압도되며, 정서 조절 장애를 보임. • **만족을 지연시키지 못함**: "안 돼."에 순응하는 것과 자기 차례를 기다리는 것이 어려움. • **충동성**: 다른 사람들의 말이나 활동에 잘 끼어들고, 자신의 차례를 기다리는 것이 어려움. 깊게 생각하지 않고 불쑥 대답하고, 결과를 생각하지 않고 행동하며, 질문에 대해 깊게 생각하지 않고 대답하기 때문에 실수를 저지름. • **과잉활동**: 가만히 있지 못하고, 얌전히 앉아 있지 못하며, 지속적으로 움직임. • 실행 기능, 문제해결, 목표를 세우고 달성하기, 각성에 관련된 문제를 보임. • **조직화의 어려움**: 주의 집중을 유지하기 어렵고, 물건을 어디에 두었는지 혹은 무엇을 하고 있었는지 기억하지 못하며, 숙제를 제때 제출하지 못함. 어질러 놓고, 산만하며, 과제에 집중하지 못하고 이탈함. • **관계의 어려움**: 학업 성취 저하와 같은 학습장애를 보이며, 또래 및 가족 관계에 문제를 보임. 적대적이고 반항적인 문제행동을 보이고, 권위적 인물과의 갈등을 보이며, 자극을 주는 흥미로운 활동(예: 비디오 게임)에 선택적으로 주의를 집중함. 수면장애를 보이고, 청소년기 또는 성인기에 부정적 결과에 이를 위험이 있음.

많은 아동이 학령기에 이르러서야 ADHD 진단을 받는다. 왜냐하면 이들이 보이는 여러 사회적·정서적 어려움은 걸음마기와 학령전기 발달단계에서 흔하게 나타날 수 있는 행동이기 때문이다. 그러나 이들의 발달력을 조사해 보면, 어렸을 때부터 매우 까다롭고 '분주'했다고 공통적으로 보고되곤 한다. 부모들은 자녀가 영아기 때에도 높은 수준의 감각과 자극 추구를 보였고, 달래기 어려웠으며, 관계나

안전한 유대를 형성하는 것이 어려웠다고 보고하였다. ADHD로 진단된 많은 아동은 어렸을 때 변화에 적응하는 데 어려움을 보였으며, 공격성과 높은 좌절 수준, 때로는 신체 문제(예: 높은 부상률과 운동 협응 문제) 등의 과거력이 있던 것으로 보고되었다(Kronenberger & Meyer, 2001). 이러한 문제는 부모-자녀 관계에 부정적인 영향을 미칠 수 있는 것들이다.

ADHD 아동을 치료할 때는 겉으로 드러나는 행동 문제를 넘어서 아동의 낮은 자존감이나 가족, 또래, 교사와의 관계 문제 등을 임상 치료 계획에 포함시키는 것이 중요하다. ADHD 아동은 종종 거부당했다고 느끼며, 외로움을 느끼고, 낙담하며, 무가치하다고 느낀다. ADHD 진단을 받은 많은 아동은 제한된 사회적 기술(제10장 참조)로 인해 어려움을 겪고 있으며, 자신의 부정적인 행동이나 주의를 끌기 위한 행동이 주변 사람들에게 어떠한 영향을 미치는지 인지하지 못하는 경우가 많다. 혹시나 인지하더라도 자신의 어떤 행동이 다른 사람을 멀어지게 하는지에 대한 이해가 부족하여 혼란스러워할 수 있고 그 행동을 멈추지 못할 수도 있다.

ADHD와 관련된 행동 및 정서 문제는 아동의 연령에서 기대되는 사회적·정서적·대인관계적 요구에 적절한 방식으로 충족시킬 수 없는 것과 관련이 있으며, 그들은 종종 생활연령보다 훨씬 더 어리게 행동한다(Kaduson, 2006b). 사실 ADHD로 진단받은 아동의 인지 기술은 연령에 적절한 수준이지만(때로는 평균 지능보다 높기도 함), 정서적 성숙도는 생활연령의 1/3 수준에 있는 것으로 밝혀졌다(Barkley, 2000; Kaduson, 2006b; Mrug, Hoza, & Herdes, 2001). 예를 들어, 어떤 ADHD 아동은 고급 수준의 수학 능력을 보였지만 또래의 사회적 단서를 해독하는 데는 어려움을 보였는데, 그로 인해 압도되거나 화가 나는 상황에서 매번 어린아이가 할 법한 반응을 보이곤 하였다.

사례 연구―지미

지미는 최근 ADHD를 진단받은 8세 아동이다. 그는 또래보다 체구가 작은 편이며, 친구를 사귀거나 관계를 유지하는 데 어려움을 보이고 있다. 그는 종종 친구들을 건드리거나 찌르면서 성가시게 하며, 친구들의 물건을 물어보지도 않고 가지고 가거나, 수업 시간에 충동적인 행동을 한다. 교사는 그가 교실에서 주의 깊게 듣지 않거나 해서는 안 되는 일을 할 때마다 노란색이나 빨간색 카드를 들어 주의를 주곤 하였다. 부모에 따르면, 아동은 어렸을 때부터 손이 많이 가는 아이였다고 한다. 그는 끊임없이 주변 물건에 관심을 보였고, 잘못해서 물건을 부수기도 하였으며, 시리얼 통을 실수로 쏟아 버리거나 간단한 요구를 완수하는 데도 오랜 시간이 걸리곤 하였다. 그는 잠이 들거나 숙면을 취하는 데도 어려움을 보였으며, 침대에서 여러 번 들락날락거리고 나서야 자리에 눕곤 했다. 때로는 물을 마시고 싶거나 화장실에 가려고 나오기도 했지만, 어떤 경우에는 가지고 놀지 말아야 할 물건을 조작하다가 부모에게 들키곤 했다. 지미는 어머니에게 "내 뇌는 절대 잠들지 않아! 몸은 너무 피곤한데 뇌는 항상 깨어 있어서 잠자리에 들고 싶을 때조차도 나를 일어나게 해."라고 말했다.

지미는 수업 시간에 많은 행동 문제를 보였고, 그때마다 부모에게 전화가 왔다. 부모는 교사에게서 세 번째 전화를 받은 다음에 상담실을 찾았다. 교사에 따르면, 지미는 착하고 다른 사람들에게 친절한 학생이지만, 행동 문제로 인해 다른 학생들의 학습을 방해한다고 보고되었다(이러한 행동은 사회적으로도 문제가 된다). 반 아이들은 그를 부끄럽게 여기며 멀리하려 했으며 함께 놀려고 하지 않았다. 그는 교실에서 끊임없이 문제를 일으켰기에 또래들은 그를 놀리거나 '나쁜 아이'라고 부르기 시작했다. 가정에서도 그는 주어진 일을 끝까지 완수하지 못하고 충동적으로 행동했으며, 이로 인해 부모는 몹시 화가 나기도 했고 좌절감을 느끼기도 했다.

지미는 놀이치료에 의뢰되었다. 그는 첫 회기에 놀이치료실에 들어오자마자 즉시 서랍과 장난감 박스를 탐색하며 뒤죽박죽으로 만들어 놓았다. 그는 한 가지 장난감을 꺼내서 몇 분 동안 가지고 놀다가 금방 주의를 다른 데로 돌리며 새로운 장난감과 게임을 꺼내기 시작했다. 회기가 끝날 때까지 그는 계속해서 놀이를 하다 말고 한 활동에서 다른 활동으로 이동하곤 하였다. 그는 치료사에게 끊임없이 말을 걸었고 45분 내내 말을 쉰 적이 없었다. 초기 면담과 부모 상담 후, 지미는 개인치료와 가족 놀이치료를 혼합해서 받는 것이 좋을 것 같다는 제안을 받았다.

지미는 초기 몇 회 동안 조절에 어려움을 약간 보이기는 했지만 즐거워했고, 놀이치료사와 치료적 관계를 형성하였다. 그는 한 가지 과제나 활동에 집중하는 것을 어려워하였고, 놀이치료 회기 내내 모래에서 손인형으로, 또 그림 그리는 것으로 이동했다가 다시 모래로 이동하곤 했다. 지미는 특히 모래를 좋아해서 손가락으로 모래를 부드럽게 만지곤 했는데, 이러한 행동은 그를 진정시키는 것처럼 보였다. 이때부터 치료사는 아동이 점프를 하고 싶거나 자리에서 일어나고 싶거나 옆 사람을 찌르고 싶은 충동이 일어날 때마다 사용할 수 있는 자기조절 기술과 차분하게 하는 기술을 가르치기 시작했다. 부모와 아동은 가족 놀이치료 시간에 '진정시키는 병(calm down jar)'[1]을 만들었고, 가만히 앉아서 병 안의 반짝이들이 바닥으로 가라앉는 것을 지켜보는 연습을 했다. 지미는 병을 흔들어서 병 안의 반짝이들이 소용돌이치듯 움직이다가 서서히 가라앉는 것을 좋아했다.

지미는 가족 놀이치료 회기에서 ADHD로 인해 자신의 내면에서 느껴지는 여러 가지를 모래상자에 만들었다. 부모는 그들이 느끼고 있는 좌절감이나 외적으로 드러나는 지미의 행동 문제에만 초점을 맞추어 왔기에, 지미가 내적으로 얼마나 혼란스럽고 힘든지 인지하지 못했다. 모래상자를 보면서 부모는 지미의 내면에 대해 눈을 뜨기 시작했고, 더 많은 공감을 할 수 있었다. 즉, 부모는 지미의 시각에서 세계를 보기 시작했고, 지미의 내면으로 언제 들어가고 나와야 하는지와 지미가 경험을 통해 배울 수 있는 기회를 제공해야 한다는 것을 인지하기 시작했다.

건강한 대처 기술을 배우면서, 지미와 부모는 의사소통을 더 잘할 수 있게 되었으며, 서로를 더욱 경청할 수 있게 되었고, 그로 인해 관계가 크게 개선되었다. 부모는 좌절감과 무력감을 덜 느꼈으며, 지미의 감정적 필요에 훨씬 더 잘 조율할 수 있었다. 이러한 과정은 지미가 자신의 충동성을 관리하고 통제하는 법을 배우고 조절하는 데 큰 도움을 주었다.

---

1 '진정시키는 병'의 제작 방법과 사용 방법은 이 책의 44쪽을 참조하라.

부모의 참여

치료 과정에서 부모를 참여시키는 것이 매우 중요하다. 왜냐하면 부모는 종종 자녀로 인해 어찌할 줄 몰라 당황하기도 하고, 좌절하기도 하며, 감정적으로 단절된 느낌을 받기도 하기 때문이다. 행동 문제는 극도로 힘든 과제로서, 부모는 자녀의 부정적인 행동을 멈추게 할 수 없음으로 인해 종종 수치심을 느끼기도 한다. 또한 부모는 자녀에게서 거부당했다고 느끼기도 하는데, 그 이유는 자녀가 부모의 말을 듣지도 않고 행동을 수정하지도 않기 때문이다. 이로 인해 관계에서 거부하기-거부하기의 악순환이 초래될 수 있다. 즉, 부모가 거부당했다고 느끼거나 필요로 하지 않는다고 느끼게 되면, 정서적으로 멀어지게 되고 자녀를 거부할 수도 있음을 의미한다. 이것은 의도적으로 그럴 수도 있지만 완전히 무의식적으로 이루어지는 행동일 수도 있다. 이러한 거부감은 자녀로 하여금 말썽을 일으키게 하거나 정서적으로 멀어지게 하고, 이는 또 다시 부모에게 거부감을 느끼게 하거나 상처를 줄 수 있다. 부모와 자녀 간의 이러한 악순환은 심각한 고통을 가져오고 애착 문제를 유발할 수 있으며, 그로 인해 자녀는 자신이 무가치하거나 사랑스럽지 않다고 느낄 수 있다.

아동은 자신이 무가치하다고 느끼거나 부적절감을 느끼거나 낙담하게 되면, 주의를 얻기 위해 말썽을 부릴 수도 있으며, 자신에게 힘이 있는 것처럼 느끼기 위한 행동을 할 수도 있다(Portrie-Bethke et al., 2009). 부모-자녀 관계를 회복하는 것이 가족 체계 내의 변화를 위해 중요하다. 또한 부모는 자녀의 내면세계가 어떠하며 어떻게 느끼는지를 이해하고, 자녀가 겪고 있는 어려움에 대해 공감 능력을 키우는 것이 중요하다. 이 장애에 대한 교육을 받으면서(기저의 자존감 및 가치감 문제, 뇌 및 정서 발달을 포함할 것), 부모는 적절한 한계와 기대치를 설정하고, 잘못된 행동을 효과적으로 관리하며, 자녀와 보다 안전한 관계를 형성하는 방법을 배우게 된다.

놀이치료와 주의력결핍과행동장애

놀이치료는 주의력결핍과행동장애(ADHD) 아동에게 적절한 치료 방법이다. 왜냐하면 놀이치료는 아동을 과정에 참여시키고, 생활 관리 기술을 가르쳐 주며, 아동이 자신의 행동 및 근본적인 정서적 필요를 더 잘 이해하고 건강한 대처 기술을 배우게 하기 때문이다. 또한, 만족지연 기술을 증가시키고 부모-자녀 관계를 향상시킬 수 있도록 도와주기 때문이다. 놀이치료는 의사소통 패턴을 향상시켜 주기에 부모로 하여금 자녀의 필요뿐 아니라 자신의 필요에 대해서도 통찰력을 발달시킬 수 있도록 도움을 준다(Portrie-Bethke et al., 2009). ADHD 아동은 일반적으로 높은 감각 자극을 추구하고 주의력이 결핍되어 있기에, 이들을 위한 놀이치료 개입은 전통적인 대화 기법을 넘어서서 역동적이고 행동 지향적일 필요가 있다 (Kaduson, 2006b, Portrie-Bethke et al., 2009).

재미있고 역동적인 방식으로 접근하는 것이 아동으로 하여금 보다 효과적으로 참여할 수 있도록 도우며, 충동조절, 초점 맞추기, 집중 기술을 가르치는 데도 도움이 된다. 또한 어떠한 치료를 하든 명확한 한계를 설정하는 것이 중요하다. 이는 관계 발전에도 도움을 줄 뿐만 아니라 규칙에 대한 명확한 이해를 하도록 도와주며, 놀이치료실과 대인관계에서 파괴적인 행동을 제거하는 데도 도움이 된다 (Portrie-Bethke et al., 2009). 이 장에서 소개하는 많은 기법은 개인치료, 가족치료, 집단치료에 맞게 수정하여 사용할 수 있다. 앞으로 10개의 장에 걸쳐 다루게 될 다수의 놀이치료 기법은 ADHD 치료에서도 사용할 수 있으며, 개인치료 및 가족치료에 따라 적합하게 조정하여 사용할 수 있다.

교사를 위한 특별 지침

교사들은 종종 ADHD로 인해 큰 타격을 받으나, 이 장애로 인해 발생하는 정서적·행동적 어려움을 다룰 수 있을 만큼 준비되어 있거나 훈련되어 있지 못하다. 따라서 ADHD로 진단된 아동과 교실을 관리하기 위한 몇 가지 유용한 팁을 제공하자면 다음과 같다.

① 가능한 경우 아동을 도우미로 활동하게 하라

ADHD 아동은 훌륭한 교실 도우미가 될 수 있다! 아동은 정기적으로 일어나서 움직여야 하는데, 이는 전통적인 교실에서 도전이 될 수 있다. 이 문제를 해결하기 위한 한 가지 방법은 아동을 '특별 도우미'로 정해서, 적어도 하루에 한 번은 '중요한' 메시지를 교무실에 전달하게 하는 것이다. 교무실로 보내는 메시지 내용은 "좋은 하루 되세요!"라거나 점심 메뉴 고르기일 수도 있으며, 그날 아침의 기분을 창의적으로 표현하는 것일 수 있다. 이 활동의 중요한 부분은 아동의 자존감을 높이고, 몸을 꼼지락거리는 것을 없애며, 쉬는 시간까지 행동을 개선시키는 것이다.

② 아동에게 피짓토이를 가질 수 있도록 허락하라

아동이 다른 사람에게 말하지 않고 혼자서 장난감을 잘 간직할 수 있다면, 피짓토이(fidget toy)[2]를 허락하는 것도 유용한 방법이다. 스트레스 해소용 작은 공이나 질감이 느껴지는 패브릭은 아동이 다른 것을 만지지 않고 주의를 집중하게 하는 데 큰 도움을 줄 수 있다. 책상 다리 하단 부분에 큰 고무줄을 걸쳐 놓고 아동이 고무줄 위로 발을 튕길 수 있도록 하는 것도 도움이 된다.[3] 역설적으로, 이 작은 움직임이 아동의 주의를 집중시키도록 하고, 다른 학생들의 소유물을 가지고 놀지 않도록 하며, 내적 압력을 완화하는 데도 도움을 준다.

③ 일어나서 움직이게 하라

이것은 수업에 참여하는 모든 사람, 특히 당신에게도 도움이 된다! 하루를 시작할 때 위아래로 점프를 하거나 쉬는 시간에 3분 댄스파티 시간을 갖는다. 이는 혈액 순환을 원활하게 하고 산소가 뇌로 이동되도록 도움을 주며, 다음 수업에 집중하는 데 도움을 준다.

④ '레몬 짜기' 기법을 가르치라

5분 동안 몸 전체를 이완시키는 활동은 모든 사람에게 도움이 될 수 있으며, 특히 몸을 전혀 움직이지 않는 아동에게 도움이 될 수 있다! 제4장의 '레몬 짜기'를 참조하라.

---

2 피짓 토이란 특별한 기능은 없지만 한 손에 쥐고 반복적인 동작을 할 수 있도록 한 장난감을 말한다. 예를 들어, 피짓 스피너, 피짓 큐브, 스트레스 해소용 작은 공 등이 여기에 해당한다(시사상식사전, 2017).
3 역자 주: '바운시 밴드'로 시중에 판매되기도 한다.

⑤ 처벌로 쉬는 시간을 빼앗지 말라

　ADHD 학생의 쉬는 시간을 절대로 빼앗지 말라! 이 시간은 당신과 아동 모두에게 호흡하고, 움직이며, 휴식을 취할 수 있는 중요한 시간이다. 말썽을 일으키거나 잘못된 행동으로 인해 징계 조치를 필요로 하거나 또래 갈등으로 인해 더 많은 감독이 요구되더라도, 아동이 외부로 나가서 휴식을 취할 수 있도록 하라. 필요한 경우, 또 다른 성인의 도움을 받아(당신 말고! 당신 역시 휴식을 필요로 한다!) 감독하거나 아동에게 주의를 기울이도록 한다. 그리고 모든 사람은 쉬는 시간을 통해 재정비와 재충전을 필요로 한다. ADHD 아동에게서 쉬는 시간을 뺏는 것은 숨 쉬는 공기를 뺏는 것과 같다!

　다음에서는 ADHD 치료에 유용한 몇 가지 놀이치료 기법을 제시할 것이다. 이 기법의 대부분은 개인·가족·집단 치료 및 사회성 훈련 프로그램에서 사용할 수 있다. 다양한 큰 움직임 운동 놀이를 하는 것이 중요하며, 치료 계획을 할 때 마음챙김을 활용하는 것도 중요하다.

빨간불, 초록불[4]

ADHD 아동이 크게 어려움을 겪는 두 가지 기술은 충동통제와 만족지연이다. 다음의 놀이치료 기법은 이러한 문제를 돕기 위해 고안된 기법으로, 아동으로 하여금 하던 일을 멈추고 자신의 차례를 기다리는 법을 가르치고, '승리'를 위해 가만히 서 있는 방법을 가르치고자 한다. 이 기법은 가족치료 회기에서도 사용할 수 있는 재미있는 활동으로, '보금자리(home base, 본거지)[5]'에 도달하고자 하는 가족원의 애착 요구를 다룰 수 있다(가족치료 회기에서 '보금자리'라는 은유를 사용하여 안전하다고 느끼고, 서로에게 수용되며, 서로를 안전하게 지키는 것을 묘사할 수 있다). 'STOP'과 'GO' 표시를 이용하여 가족이 직면하고 극복해야 하는 다양한 도전을 나타낼 수 있으며, 힘든 시간과 경험으로부터 다시 일어설 수 있는 방법을 보여 줄 수도 있다.

준비물
마스킹 테이프
빨간색 매직, 초록 매직
혀 누르개(설압자)
풀
'STOP'과 'GO' 신호 종이

참고
이 활동은 장애물이나 방해 자극이 없는 넓은 공간에서 수행하는 것이 좋다.

진행 방법
1. 'STOP'과 'GO' 신호 종이를 자른다. 'STOP' 신호는 빨간색으로, 'GO' 신호는 초록색으로 칠하도록 한다.

---

4 역자 주: 우리나라의 '무궁화 꽃이 피었습니다'와 유사한 게임이다.
5 역자 주: home base가 은유적으로 사용될 때는 '보금자리'로 번역하였고, 놀이 중에 사용될 때는 '홈베이스'라고 번역하였다.

2. 각 신호를 혀 누르개에 붙인다(풀칠을 해도 되고 테이프로 붙여도 된다).

3. 마스킹 테이프를 사용하여 방의 한쪽 끝에 테이프를 길게 붙여서 홈베이스를 만든다. 방의 다른 쪽 끝에 또다시 테이프를 길게 바닥에 붙이고 출발선을 만든다.

4. 아동에게 '빨간불, 초록불' 게임하는 방법을 알려 준다. 술래는 홈베이스에서 참가자들과 등을 지고 서서 'STOP'과 'GO' 신호판을 한 번에 하나씩 들며 참가자들의 움직임에 주의를 기울인다. 참가자들은 출발선에서부터 술래에게 닿지 않으면서 가능한 한 빨리 홈베이스에 도착해야 한다. 이때 가장 먼저 도착한 참가자가 우승자가 되며 다음 차례에 술래가 되어 신호판을 든다.

5. 빨간색 'STOP' 신호가 나타나면 모든 참가자는 멈추어 서야 한다(얼음). 어떤 자리에 있든지 초록색 'GO' 신호가 나타날 때까지 그 자리에 그대로 서 있어야 한다. 술래는 뒤돌아서서 참가자를 향해 선다. 'STOP' 신호 동안 조금이라도 움직이거나 자리에 가만히 있지 못하는 사람이 있다면, 그 참가자는 출발선으로 돌아가서 다시 시작해야 한다.

6. 모든 사람이 차례대로 '술래'가 될 수 있도록 한다. 모든 사람이 술래를 다 해 봤다면, 술래가 된다는 것이 어떤 느낌인지, 사람들이 어디에 서 있는지 혹은 어디로 움직이는지 알 수 없을 때 어떤 느낌이 드는지, 출발선으로 되돌아가서 다시 시작해야 할 때 어떤 느낌이 드는지에 대해 토론한다.

7. 빨간색의 'STOP' 신호일때 멈추어야 하는 것처럼, 아동도 때때로 '빨간불' 행동을 할 때가 있는데, 이는 부정적인 정서적·사회적 결과를 초래하는 행동을 말한다. 아동은 또한 '초록색' 행동을 할 때도 있는데, 이는 다른 사람들로부터 긍정적인 관심을 받는 친사회적인 행동을 말한다.

8. 아동에게 빨간불 행동 세 가지를 적게 한다. 예를 들어, 학교에서 주변 친구들의 책상을 두드리는 것, 화가 날 때 벽을 발로 차는 것, 횡단보도를 건널 때 잘 둘러보

지 않는 것 등이 있다.

9. 아동에게 초록불 행동 세 가지를 적게 한다. 예를 들어, 엄마에게 "사랑해."라고 말하는 것, "좋아, 동생과 장난감을 함께 가지고 놀게."라고 말하는 것이 있다.

10. 아동에게 신호판을 주고, 가정에서도 부모와 함께 '빨간불, 초록불' 놀이를 하도록 한다. 부모는 자녀의 초록불 행동을 볼 때마다 칭찬을 해 줌으로써 '자녀가 친사회적 행동을 계속하도록' 격려한다.

빨간불, 초록불 워크시트

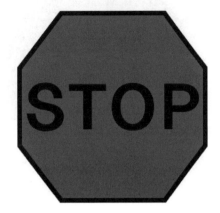

이번 주 나의 STOP(빨간불) 행동은

1. _____

2. _____

3. _____

4. _____

5. _____

6. _____

7. _____

8. _____

이번 주 나의 GO(초록불) 행동은

1. _____

2. _____

3. _____

4. _____

5. _____

6. _____

7. _____

8. _____

위글 피짓

위글 피짓(wiggle fidge)은 아동의 꼼지락거리는 행동을 건강하고 친사회적인 방식으로 분출할 수 있도록 도와준다. ADHD를 가진 많은 아동이 만지기, 두드리기, 핥기, 발로 차기 등의 독특한 감각 추구 행동을 하는데, 이는 주변 사람들을 귀찮게 하고 불편하게 한다. 위글 피짓 상자를 만듦으로써 주변 사람들을 성가시게 하지 않으면서도 ADHD 아동의 감각적 요구와 탐색 및 자극 요구를 동시에 충족시킬 수 있다.

시간이 지나면, 치료사와 아동은 '도구'를 직접 만들어서 위글 피짓에 붙일 수 있다. 이를 통해 아동은 자신의 몸을 진정시키고, 꼼지락거리는 행동을 방출하며, 가족 관계를 개선시킬 수 있다. 위글 피짓을 교실 환경에 맞게 어떻게 변형시킬 수 있을지를 교사와 상의하는 것도 좋다. 예를 들어, 아동 책상 밑에 벨크로를 접착하여 손가락으로 질감을 만질 수 있도록 한다면, 아동은 자리에서 일어나지 않을 것이며 주변 사람들을 힘들게 하지도 않을 것이다.

주의사항

벨크로를 부착할 때 옆으로 나란히 배열하여, 아동이 벨크로를 떼지 못하도록 한다 (벨크로를 떼는 것이 가능해지면 소음과 방해 자극이 될 것이며, 이것 자체가 상당히 위글 피짓이 될 수 있다).

준비물

신발 상자(크기 상관없음)

벨크로(7~15cm)

다양한 리본(서로 다른 질감이나 길이)

파이프 클리너

다양한 질감의 원단 조각

글루건과 글루스틱

상자 안에 담을 피짓 토이(예: 스트레스 해소용 공[6], 완구용 퍼티[7], 액체 모션 장난감[8], 진정시키는 병, 팽이 등)

진행 방법

1. 아동에게 원단 조각, 벨크로, 리본 등을 신발 상자 바깥쪽의 어느 부분에 접착할 것인지를 결정하도록 한다. 성인(부모 또는 치료 전문가)은 아동이 알려 준 곳에 접착해 준다. 신발 상자를 다양한 질감의 감각 추구 자극으로 가득 차게 한다.

2. 상자 외부의 서로 다른 질감을 쓰다듬어 보거나 만져 보도록 하여, 아동에게 각 질감이 어떻게 느껴지는지를 확인한다. 즉, 자극을 주는 것인지, 진정시켜 주는 것인지 확인한다.

3. 아동과 부모에게 위글 피짓 상자를 집으로 가져가도록 한다. 이 상자는 몸을 진정

---

6 손의 움직임에 따라 마음대로 모양을 변형시킬 수 있는 말랑말랑한 공이다.
7 유리를 창틀에 끼울 때 바르는 접착제인 실리콘 폴리머를 기본으로 한 장난감으로, 튕기는 것이 가능하지만 급격한 충격을 받으면 부러지며 액체처럼 흐를 수도 있다.
8 모래시계처럼 작은 병에 담겨 있는 밝은 색깔로 이루어진 액체 방울이 천천히 아래로 떨어지는 것으로 부드러운 시각 자극을 제공한다.

시킬 때, 감각적 자극을 추구할 때, 압도적인 정서를 대처해야 할 때 사용하도록 한다. 또한 취침 시간에 긴장을 풀고 진정시키는 데도 도움이 된다.

4. 부모는 위글 피짓 상자를 처벌 도구로 사용해서는 안 된다는 것을 명심해야 한다. 즉, 잘못된 행동에 대한 벌로 사용하거나(예: "말을 듣지 않았으니, 10분 동안 위글 피짓을 조작해") 잘못된 행동으로 인해 부드러운 장난감을 빼앗아서는 안 된다(예: "가게에서 버릇없이 굴었으니, 오늘 밤 위글 피짓을 가지고 놀 수 없어").

5. 치료 과정에서 아동 내담자의 위글 피짓 상자에 넣을 수 있는 새로운 위글 피짓(진정용, 자극용)을 만들 수 있다. 스트레스 해소용 공, 매직 큐브(Rubik's Cube), 바람개비, 고무줄, 완구용 퍼티와 같은 것이 매우 유용하다. 창의적으로 재미있게 즐기라!

진정시키는 병

　진정시키는 병(calm down jar)은 ADHD로 진단된 아동뿐 아니라 불안 및 외상 관련 장애 아동의 정서 및 행동 문제를 다루는 데 매우 유용하다. 아동은 반짝이가 병의 바닥으로 가라앉는 것을 지켜보면서 몸을 진정시키고 자신을 조절하는 연습을 할 수 있으며, 천천히 숨을 쉬는 연습을 할 수 있다. 병을 흔들거나 돌린 후 가라앉은 반짝이를 쳐다보는 것은 아동이 감각 자극을 받아들일 수 있도록 몸을 준비시키고 사고를 조직화시키며 주의를 집중할 수 있도록 도움을 줄 뿐 아니라 긴 심호흡을 하는 동안 신경계가 '재배선'되어 호흡 및 감정을 조절하는 방법을 배울 수 있다. 불안하거나, 과잉자극되거나, 압도되거나, 피곤함을 느낄 때, 아동은 이 활동을 통해 자신을 진정시킬 수 있는 대처 기술을 향상시키는 도움을 받을 수 있다. 또한 이것은 위글 피짓 상자에 넣을 수 있는 훌륭한 도구이기도 하다!

준비물
뚜껑이 있는 작은 병(예: 이유식 병 또는 플라스틱 작은 물병)
반짝이

투명한 접착제 또는 반짝이는 접착제

식용 색소

강력 접착 테이프

온수

소형 거품기

참고

발달 문제, 분노 문제 혹은 충동조절 문제가 있는 경우, 병이 깨질 위험이 있으니 플라스틱 병을 사용하는 것이 좋다.

진행 방법

1. 병에 온수를 붓는다. 병 상단의 3~5cm 정도만 남기고 채운다. 투명 또는 반짝이 접착제를 2큰술 넣는다. 접착제가 녹을 때까지 거품기로 젓는다(혹은 흔든다). 아동과 함께할 경우, 온수 사용에 주의해야 한다. 아동의 손을 보호하기 위해 성인이 병을 흔들어 줄 수 있다.

2. 반짝이를 넣어 병의 바닥에 약 1cm 정도 쌓이도록 한다(스팽글, 작은 플라스틱 장난감, 솔잎 등을 넣을 수도 있다).

3. 식용 색소를 몇 방울 떨어뜨린다.

4. 뚜껑을 닫고 강력 접착 테이프로 마감한다.

5. 병을 흔든 후 반짝이가 천천히 바닥으로 가라앉는 것을 지켜본다. 아동은 원하는 만큼 여러 번 흔들 수 있다. 반짝이가 다 가라앉으면, 아동에게 길고 느리게 심호흡을 하도록 지시한다. 타이머를 사용하여 반짝이가 가라앉을 동안 아동이 가만히 앉아 있는 시간을 잰다. 아동이 가만히 앉아 있는 시간을 연장하기 위해 '제한 시간 내에 완수하기(Beat the Clock)'[9] 게임을 할 수 있다. 아동은 시간이 연장될 때마다 점수를 얻는다.

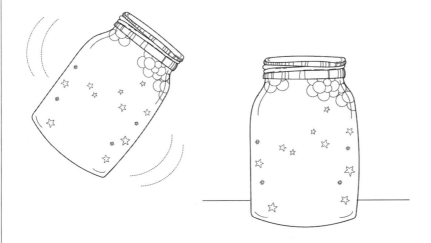

6. 아동은 '진정시키는 병'을 집으로 가져간다. 일주일 내내 그 병을 사용하여 가만히 앉아 있거나, 몸을 진정시키거나, 꼼지락거리는 행동을 사회적으로 적절한 방식으로 방출하는 연습을 한다.

---

9 제한 시간을 정해 놓고 그 시간 안에 뭔가를 찾거나 수집하거나 수행해 내는 게임을 말한다.

제4장
불안장애
놀이치료 개입

자유로울 때 당신은 놀이할 수 있고,
놀이하고 있다는 것은 당신이 자유롭게 되었다는 것이다.

—Heidi Kaduson

불안은 강렬하게 느껴지는 걱정, 두려움, 신경증 등을 설명하는 데 사용된다. 이러한 걱정은 무기력과 무능감, 압도감 등을 유발할 수 있다. 이러한 기분으로 인해 일상생활의 기능이 손상되기 시작하면 장애로 진단될 수 있다. 불안장애는 아동기에 가장 흔하게 진단되는 정신건강 진단 중 하나이며, 미국 인구의 약 12~20%가 여기에 해당한다(Knell & Dasari: 2006). 아동기 불안장애에는 분리불안장애(Separation Anxiety Disorder: SAD), 공황장애, 특정 공포증, 사회불안장애, 범불안장애(Generalized Anxiety Disorder: GAD) 등이 포함된다. 강박장애(Obsessive-Compulsive Disorder: OCD)는 이전에는 '불안장애' 범주로 분류되었지만, DSM-5에서는 '강박 및 관련 장애' 범주로 새롭게 분류되어 이 책에서는 별도의 장에서 다룰 것이다. **이 장에서 설명된 모든 놀이치료 기법은 불안장애로 진단된 아동·청소년에게 맞추어 적**

절히 수정하여 사용할 수 있다.

걱정과 불안은 아동기에 흔하게 나타나는 정상적인 발달 과정의 일부이다(Knell & Dasari, 2006). 걸음마기와 학령전기 아동들은 상상력의 놀라운 힘을 경험하기 시작하면서, 어느 날 갑자기 침대 밑에 괴물이 있다는 상상을 하게 된다. 그로 인해, 한때는 평온하고 안전했던 잠자리 공간이 어느 날 갑자기 두려움과 불확실성으로 가득 찬 공간이 되고 만다. 또한 이 연령대의 자녀를 키우는 대부분의 가정은 악몽과의 투쟁을 하게 된다. 특히 자녀가 갑자기 밤을 두려워하는 행동을 보이면 부모는 당황하곤 한다. 아동기 불안이 정상적인 수준을 넘어서서 일상생활과 대인관계 기능을 손상시킬 정도가 되면 추가적인 지원과 자원을 찾아보아야 한다.

좀 더 성장하면, 일상적인 활동 반경이 학교, 친구, 놀이상대, 보육시설, 스포츠 등으로 확대된다. 그러면서 걱정은 정상적인 발달의 일부가 된다. 그러나 이 시기의 걱정은 두려움과 불안으로 쉽게 변할 수도 있다. 특히 학교 시스템 구조의 변화는 아동의 불안에 기여할 수 있는데, 그 이유는 교내 폭력이나 피살 사건에 대비하기 위하여 전국적으로 학교 교문에 안전한 출입구 또는 금속 탐지기를 설치하기 때문이다. 또한 학생들은 화재 및 지진 훈련뿐만 아니라 무장 침입자 대비 훈련을 받게 되는데, 이 과정에서 학교 체계 내에서 느껴지는 불안감이 학생들에게도 흘러들어 갈 수 있기 때문이다! 우리 대부분은 이러한 안전 예방 조치가 좋은 것이라는 데는 동의하지만, 이러한 변화가 누군가에게는 불안을 유발할 수도 있다. 특히 학교에 입학하기 전에 이러한 염려와 가능성에 노출된 적이 없었던 어린 아동의 경우에는 더욱 그러한다.

두려움, 걱정 및 불안 사이에는 중요한 차이점이 있다. 두려움은 원시 뇌의 싸우기/도망가기(fight-flight) 반응에 뿌리를 둔 생물학적 반응이다. 이는 일반적으로 합법적 위험에 대한 대응이다(예: 위험한 상황에서 도망가기). 예를 들어, 등산을 하다가 길에서 독사를 발견했다면, 당신은 멈추어 서서 주변을 돌아보고 독사가 오는 방향과는 반대 방향으로 도망칠 것이다. 우리의 두뇌는 우리를 보호하도록 설계되어 있어서, 위험 상황에서 탈출할 수 있도록 도움을 주면서 보호한다.

반면, 걱정은 안 좋은 일이 일어날 수 있다는 염려이다. 걱정은 실제 경험 혹은 과거 경험을 기반으로 할 수도 있고 그렇지 않을 수도 있다. 아동은 침대 밑에 괴물이 있다고 걱정할 수 있으며, 이는 심야에 안 좋은 일이 '일어날 수 있다'는 두려움을 불러일으킬 수 있다. 불안은 종종 실제 위험이 없거나 혹은 지각된 위협에 반응으로 나타나는 학습된 반응이다(Knell & Dasari, 2006). 불안을 경험하는 아동들은 끊임없이 걱정하며, 이러한 걱정은 마치 제어가 안 되는 기차에 올라탄 것처럼 마음속에 최악의 시나리오를 떠올리게 한다. 이제 침대 밑에 사는 이 괴물은 한밤중에 그들을 괴롭힐 뿐만 아니라 그들이 사랑하는 모든 사람 역시 괴롭힌다! 사실 이 괴물은 밤까지 기다리지 않을 수 있으며, 부모들이 외면하는 순간 언제든지 튀어 나올 수 있다! 연구자들은 불안한 성인이 불안한 아동을 만드는 것이 매우 흔하다는 것을 발견했다. 이 부모들은 종종 불안이 유발될 수 있는 상황에서 자녀를 배제함으로써 자녀가 자신의 정서를 조절하는 법을 배우지 못하게 하거나 불안 증상과 투쟁할 수 있는 건강한 대처 전략을 배우지 못하게 함으로써 불안-두려움에 기반하여 아동을 양육한다(Hannesdottir & Ollendick, 2007).

'허위 경보(false alarm)'를 생각하면 불안의 속성을 더 잘 이해할 수 있다. 허위 경보는 지속적으로 울려서 아동을 항상 경계, 과각성, 두려움, 걱정 상태에 있도록 한다. 뇌는 아동에게 실제 위협이 다가오고 있다고 믿거나 걱정하도록 '속이며', 아동은 스스로를 보호하기 위하여 종종 회피, 공격, 정서 조절 곤란에 뿌리를 둔 부적응 대처 전략을 사용하도록 한다.

불안 증상	• 과도한 걱정 • 안절부절못함 • 과민성 • 집중의 어려움 • 긴장 • 수면 문제 • 과잉각성 • 지나치게 진지함 • 완벽주의/과잉성취 • 지속적인 안심 추구 • 신체 불편감(두통, 복통, 현기증) • 자의식 • 학교 회피

놀이치료와 불안장애

놀이치료는 아동의 불안에 효과적인 치료 방법이다. 왜냐하면 놀이치료는 발달적으로 민감할 뿐 아니라 아동을 안전하게 담아 줄 수 있는 공간에서 두려움에 노출되게 할 수 있기 때문이다. 놀이치료 과정에서, 아동은 용감해지는 것을 느끼고, 건강한 대처 전략을 배우며, 의사소통과 감성 지능을 향상시키고, 자기조절 기술을 '연습'할 수 있다. 불안한 아동의 평가 및 치료에 부모를 포함시키는 것이 중요한데, 그 이유는 부모가 아동의 불안을 지속시키는 원인인 가족 체계에 변화를 일으킬 수 있기 때문이다.

사례 연구―미구엘

미구엘은 10세 아동으로, 최근에 성적 저하와 사회적 고립 및 언어적 공격성의 증가, 최근 2~3개월 동안의 상당한 체중 감소로 인해 상담에 의뢰되었다. 부모의 보고에 따르면, 이전에 미구엘은 가족 및 친구들과 시간을 보내는 것을 좋아하는 외향적이고 사교적인 아이였으며, 학교에서의 수행도 좋았고, 팀에서 최고의 축구 선수 중 한 명이었다. 그는 자신에게 완벽함을 요구하며, 연습 일정이 없는 날에도 방과 후 축구 훈련을 반복해서 하곤 했다. 교사의 최근 보고에 따르면, 미구엘은 몇 주 동안 숙제를 제출하지 않았으며, 수학 시험과 받아쓰기 시험을 볼 때 매우 초조해 보였으며, 수업 중에 좌절감으로 자신의 시험지를 찢어 버리곤 했다고 한다.

미구엘은 최근에 받아쓰기 상급자반에서 중급자반으로 내려갔다. 미구엘은 이것을 큰 실패라고 여기며 크게 낙심하였다. 부모는 최선을 다했는지 여부가 중요하지 성적은 그렇게 중요하지 않다고 안심시키려고 했지만, 소용이 없었다. 어머니는 미구엘의 책가방에서 다 마친 숙제를 발견하고는 왜 제출하지 않았는지를 물었더니, 미구엘은 울기 시작하면서 "그 정도로는 충분하지 않아요."라고 답했다. 아버지는 아들의 취침 시간이 적당함에도 불구하고 항상 아침에 피곤해 보이고 눈 아래에 다크서클이 점점 더 커지고 있음을 알아차렸으며, 충분한 수면을 취하는 것이 좋을 것 같다고 말했다.

미구엘은 가정, 학교 및 관계에서 나타나는 불안 증상을 해결하기 위해 놀이치료에 의뢰되었다. 처음에 놀이치료를 시작했을 때, 미구엘은 너무 불안해서 치료사와만 있을 수 없다고 하면서 놀이치료실에 어머니 또는 아버지와 함께할 것을 요청했다(이는 결과적으로 상당한 도움을 주었다. 즉, 가족 관계 갈등은 미구엘의 불안 증상을 악화시키고 있었으며, 가족 기반 놀이치료를 상담 회기 시작부터 즉시 할 수 있었다). 미구엘은 자신이 학생으로서, 아들로서 그리고 형으로서 충분하지 않다는 것에 대해 불안감을 느꼈으며, 학교에서의 낮은 성적과 경기 중에 골을 놓친 것, 가정에서 화를 참지 못하는 것으로 인해 부모에게 실망을 안겼다고 걱정하였다. 부모는 그를 사랑하며 소중한 사람이라고 안심시켜 주었지만, 그는 자신을 '실패자'라고 여기며 그 '증거'를 끊임없이 찾고 있었다. 결과적으로 부모는 미구엘이 좋은 아들이 아니라는 암시를 주는 것에 대해 지속적으로 감시당하는 것처럼 느꼈고, 이로 인해 아들과의 관계를 어려워하였다.

미구엘은 밤에 잠자리에 누워서도 학교, 시험, 숙제, 학교 친구들이 실제로 자신을 좋아하는지에 대해 걱정하느라 많은 시간을 보내며 잠을 잘 이루지 못한다고 치료 중에 이야기하였다. 그는 자신이 최고의 선수가 되지 못하면 코치가 자신을 다른 선수로 교체할 것이라고 걱정했다. 치료 회기에서 미구엘은 '걱정 파수꾼'을 만들었는데, 이는 자신의 불안과 걱정을 진정시키는 건강한 대처 전략을 배우고 긍정적인 생각을 하는 데 도움을 주었고, '걱정을 창밖으로 내던지기' 방법을 배우는 데도 도움을 주었다. 미구엘은 스트레스를 받거나 압도감을 느낄 때마다 몸을 진정시킬 수 있도록 돕는 '레몬 짜기' 기법을 배웠다. 치료 종결로 갈수록 특히 강력한 효과를 보인 기법 중 하나가 '별과 점' 기법으로, 이는 미구엘의 부정적인 자기 대화를 줄이고 자존감을 높이며 부모-자녀 관계를 강화시키는 데 사용되었다. 미구엘과 부모는 몇 주 동안 지속적으로 놀이치료에 참여했다.

레몬 짜기
유도된 심상법

'레몬 짜기'는 몸 전체를 사용하는 이완법이다. 이 기법은 유도된 심상을 이용하여 현재 몸 상태를 인식하는 방법과 몸을 진정시키는 방법을 동시에 가르쳐 준다. 아동이 자신의 몸을 진정시키는 방법을 배울 수 있다면, 자신의 마음을 진정시키고, 호흡을 조절하며, 걱정과 불안에서 통제력을 되찾는 방법도 배울 수 있다. 이 기법은 또한 외상에 노출된 적이 있었던 아동을 대상으로 작업을 할 때도 매우 유용하고 효과적이다. 이 기법은 외상중심 인지행동치료(TF-CBT) 개입에도 활용될 수 있는데, 이 개입은 www.musc.edu의 TF-CBT 과정에서 찾아볼 수 있다. 최초의 레몬 짜기 기법의 저자는 알려져 있지 않다.

준비물
(아무것도 그려져 있지 않은) 공백 퍼즐판
매직

진행 방법
내담자에게 눈을 감고 심호흡을 길게 하라고 지시한다. 아동에게 코를 통해 호흡하는 것과 입을 통해 호흡하는 것을 연습하도록 한다. 깊게 숨을 들이마실 때와 내쉴 때 다섯까지 세는 것이 좋다. 내담자는 앉아서 해도 되고 누워서 해도 된다. 내담자가 가장 편안한 자세로 임하도록 한다. 아동이 이완된 상태에 있을 때, 치료사는 다음 문장을 읽는다.

오늘은 머리부터 발끝까지 몸을 이완시키는 방법을 배우려고 해요. 제 목소리를 듣고 그대로 따라 해 주세요. 만약 해당 신체 부위의 이완을 하고 싶지 않다면, 그 부위는 하지 않으셔도 돼요. 이제 제 목소리를 듣고 그대로 따라 하는 여행을 시작하겠습니다.

레몬을 왼손에 쥐고 있다고 상상해 보세요. 레몬 향기를 맡을 수 있나요? 레몬을 손에 쥐고 있는 기분이 어떤지 상상해 볼 수 있나요? 오늘 이 레몬으로 레모네이드를 만들려고 합니다. 먼저, 레몬을 짜서 레몬즙을 만들려고 합니다. 준비되었나요? 꼭 짜세요! 더 세게, 더 세게 누르세요(약 5초간 힘을 주다가 멈춘다). 손을 이완시켜 보세요. 이제 이 레몬을 한 번 더 짜서 더 많은 레몬즙을 추출해 내려고 합니다. 준비되었나요? 꼭 짜세요! 더 세게, 더 세게 누르세요(약 5초간 힘을 주다가 멈춘다). 네, 아주 잘했어요. 손을 이완시켜 보세요. 이제 레모네이드에 넣을 레몬즙이 더 많이 필요해서, 또 다른 레몬을 짜려고 합니다. 손 안에 있는 레몬을 느낄 수 있나요? 준비되었나요? 꼭 짜세요! 있는 힘껏 꽉 쥐어짜세요(약 5초간 힘을 주다가 멈춘다)! 네, 잘했어요. 손을 이완시키고, 필요하다면 손을 흔들어도 됩니다. 레몬을 다 짰네요. 맛있는 레모네이드를 만드는 데 필요한 레몬즙이 거의 다 채워졌어요.

이제 우리는 오른손을 사용하여 똑같은 일을 할 거예요. 오른손에 또 다른 레몬을 들고 있다고 상상하시기 바랍니다. 짤 준비가 되었나요? 달콤한 레몬 향기를 맡을 수 있나요? 부드럽고 울퉁불퉁한 레몬 껍질을 느낄 수 있나요? 이제 레모네이드 만들기를 시작하겠습니다. 준비되었나요? 오른손을 꼭 쥐어짜세요. 더 꽉, 더 꽉…(약 5초간 힘을 주다가 멈춘다). 네, 잘했어요. 손의 힘을 빼고 이완시켜 주세요. 그래도 여전히 레몬즙이 좀 더 필요하네요. 준비되었나요? 꼭 짜세요! 더 세게, 더 세게(약 5초간 힘을 주다가 멈춘다). 잘했어요! 손을 이완시켜 주세요. 거의 다 했어요. 맛있는 레모네이드를 마실 준비가 되었나요? 한 번 더 짜야하네요. 준비되었나요? 꼭 짜세요! 할 수 있는 한 더 세게, 더 세게 짜세요(약 5초간 힘을 주다가 멈춘다)! 잘했어요! 여기 있는 레몬들을 다 잘 짜서 맛있는 레모네이드를 만들 수 있게 되었어요. 손을 흔들어 주고, 손가락도 흔들어 주면서 이완시켜 주세요.

이제, 자신이 여름 햇살을 쬐고 있는 귀엽고 작은 거북이라고 상상해 보세요. 당신은 연못 옆에 있는 바위에서 햇살을 즐기며 쉬고 있습니다! 당신에게 위험이 느껴집니다! 작지만 빠른 거북이입니다! 머리를 등딱지 속으로 집어넣어야 하니 어깨를 귀까지 들어 올려 주세요! 숨어 있으세요! 어깨에 힘을 더 주세요! 더 세게(약 5초간 힘을 주다가 멈춘다)! 후유! 위험이 사라졌습니다. 당신은 이제 안전한 거북이입니다. 이제 다시 이완하고 햇살을 즐길 수 있습니다(약 3초간 기다린다). 오! 작은 거북이, 당신에게 또 다시 위험이 느껴집니다! 빨리! 껍질 속으로 숨으세요! 어깨에 힘을 더 주세요, 더 세게(약 5초간 힘을 주다가 멈춘다)! 잘했어요! 다행히 위험

이 사라졌습니다. 당신은 다시 안전합니다, 작은 거북이, 등딱지에서 나와 이완하고 햇살을 즐기십시오. 오! 또 한 번 위험이 왔네요. 작지만 빠른 거북이, 등딱지 속으로 얼른 숨으세요! 그 상태를 유지하세요! 어깨에 힘을 더 세게 주세요(약 5초간 힘을 주다가 멈춘다). 잘했어요. 이제 이완시켜 주세요. 이제 더 이상의 위험은 없을 거예요. 당신은 안전한 거북이입니다. 이완하면서 햇살을 즐기세요.

이제, 자신이 낮잠에서 막 깨어난 작고 귀여운 새끼 고양이라고 상상해 보세요. 막 잠에서 깨어난 작은 새끼 고양이는 제일 먼저 어떤 일을 할까요? 네, 맞아요, 스트레칭을 하죠. 팔을 앞으로 쭉 내미세요. 앞으로 쭉, 더 쭉 내미세요(약 5초간 자세를 유지하다가 멈춘다). 네, 잘했어요. 이제 팔을 이완시켜 주세요. 여전히 졸린 작은 새끼 고양이는 한 번 더 스트레칭을 해야 할 것 같네요. 이번에는 천장에 팔이 닿도록 위로 쭉 올리려고 합니다. 준비되었나요? 위로 쭉 뻗으세요! 더 높이! 팔을 위로 더 높이 쭉 올리세요(약 5초간 자세를 유지하다가 멈춘다). 잘했어요! 그런데 아직도 잠에서 덜 깬 새끼 고양이가 이번에는 무지개 스트레칭을 하려고 합니다. 먼저, 팔을 앞으로 쭉 뻗으세요. 그런 다음, 머리 위로 팔을 올려 하늘에 닿도록 쭉 뻗으세요. 이제, 무지개를 그리듯이 양쪽으로 원을 그리듯이 아래로 내리세요. 스트레칭을 하고 나니 기분이 좋죠?

이번에는 아름다운 초록 풀밭에 누워 있다고 상상해 보세요. 따뜻한 산들바람이 부는 햇살 좋은 아름다운 날입니다. 야생화와 들풀이 바람에 날리네요. 조용하고, 평화롭고, 상쾌한 날이네요. 그런데 갑자기 아기 코끼리가 풀밭 주변으로 쿵쿵 걸어오는 소리가 들리네요! 아기 코끼리는 풀밭에 누워 있는 우리를 보지 못하네요! 서두르세요! 마치 바위가 된 것처럼 복부(배) 근육에 힘을 주어 배 부위를 단단하게 조여 보세요! 서두르세요! 더 힘을 주고 그 자세를 유지하세요! 힘을 꽉 주세요(약 5초간 자세를 유지하다가 멈춘다)! 휴! 다행히 코끼리가 우리를 밟지 않았어요. 이제 안전해요. 이완하면서, 아름다운 풀밭을 즐기세요. 오! 또다시 아기 코끼리가 오네요. 코끼리가 길을 잃고 무언가를 찾고 있는 것 같아요. 서두르세요! 코끼리가 우리를 밟을 수 있으니 복부를 바위처럼 만드세요! 힘을 주고 단단하게 하세요! 더 힘을 꽉 주세요(약 5초간 자세를 유지하다가 멈춘다). 네, 잘했어요. 이완해 주세요. 이제 안전해요. 다행히 코끼리가 우리를 밟지 않았어요. 이완하면서 아름다운 곳에서 휴식을 즐기세요. 오, 안 돼요! 아기 코끼리가 또 오고 있어요. 가까이 왔어요! 서두르세요! 다시 복부를 바위처럼 꽉 조이세요. 아기 코끼리에게 짓밟혀 부수어 지고 싶지 않다면요! 힘을 꽉 주세요(약 5초간 자세를 유지하다가 멈춘다)! 이제 이완시켜 주세요. 아기 코끼리가 엄마를 발견하고 함께 떠나갔어요. 이제 안전합니다. 이제 이 아름다운 풀밭을 즐기기만 하면 돼요.

이제, 풀밭 주변의 가장 아름다운 곳인 호수에 있습니다. 호수에서 가장 마음이 드는 부분은 진흙입니다! 발가락으로 진흙을 밟으며 철벅철벅 소리를 내야 해요! 풀밭 옆에 있는 아름다운 호수에 서 있다고 상상해 보세요. 이제 발가락으로 진흙을 밟으며 철벅철벅 소리를 내려고 합니다! 발가락을 가능한 한 길게 뻗어 철벅철벅 소리를 내 보세요. 만약 신발을 신고 있다면, 발끝으로 진흙 표면을 밟으며 철벅철벅 소리를 내 보세요. 철벅! 철벅!(약 5초간 하다가 멈춘다)! 이제 발가락을 빼내고 진흙을 털어 내고 아름다운 호수를 즐기세요. 진흙에서 노는 것이 너무 재미있어서 한 번만 하고 그만둘 수 없네요! 다시 진흙에 발가락을 담가요. 철벅철벅 소리를 내며 발가락을 통해 미끌미끌하고, 부드럽게 끈적거리며, 차가운 진흙을 느낄 수 있나요? 발가락을 더 길게 뻗어서 철벅철벅 소리를 내 보세요. 더 길게(약 5초간 하다가 멈춘다). 네, 잘했어요. 이제 진흙에서 발가락을 빼내고 발을 잘 흔들어 이완시켜 주세요. 이제 우리는 한 번 더 발가락으로 진흙을 밟으며 철벅철벅 소리를 내려고 합니다. 이번에는 가능한 한 깊게 담가 철벅철벅 소리를 내려고 해요! 철벅철벅! 철벅철벅(약 5초간 하다가 멈춘다)! 매우 잘했어요. 이제 진흙에서 발가락을 빼내서 흔들며 아름다운 호수를 즐기세요.

아직 스트레칭을 해야 하는 부분이 하나 더 남아 있습니다. 이번에는 얼굴을 스트레칭할 거예요. 작은 파리가 윙윙거리면서 얼굴 주변을 날고 있어요. 그 파리가 방금 전에 이마 위로 날아왔다고 상상해 보세요! 얼굴을 상하좌우로 찡그리면서 파리를 날아가게 하세요(5초간 이 상태를 유지하다가 멈춘다.) 휴! 다행히 날아갔네요! 오, 아니네요! 파리가 다시 날아왔네요! 이번에는 코 위에 앉았어요! 이번에는 코를 움직여야 합니다. 코를 찡그려 보세요, 찡그려 보세요(약 5초간 하다가 멈춘다). 성가신 파리가 날아가게 해야 해요! 휴! 드디어 파리가 날아갔네요! 잘했어요! 아! 그런데 이번에는 파리가 두 눈 사이에 앉았네요! 서두르세요! 눈을 찡긋거리세요! 코를 움직여 보세요! 눈을 움직여 보세요! 성가신 파리를 날아가게 해야 해요(약 5초간 하다가 멈춘다)! 오, 다행이에요! 드디어 파리가 날아가 버렸어요! 이제 긴장을 풀어도 돼요. 더 이상 파리가 윙윙거리지는 않을 거예요.

이렇게 해서 머리부터 발끝까지 온몸 스트레칭을 마쳤습니다!

과정 질문

- 당신의 몸은 지금 어떻게 느끼나요?
- 우리가 배운 것 중에서 가장 마음에 드는 스트레칭은 무엇인가요?
- '레몬 짜기' 기법을 활용하면 도움이 될 수 있는 상황이 생각나나요?
- '레몬 짜기' 기법을 앞으로 언제 사용할 수 있을까요?

레몬 짜기 퍼즐 만들기

가정에서도 연습할 수 있도록 대본을 주면, 아동은 건강한 대처 기술을 지속적으로 회상할 수 있을 뿐 아니라 불안 증상으로부터 주의를 전환하는 데도 도움을 받을 수 있다.

진행 방법

공백 퍼즐판 위에 레몬, 거북이, 고양이, 코끼리, 진흙 웅덩이, 파리 그림 등을 그리되, 퍼즐판 전체를 채워 그리도록 한다. 이렇게 퍼즐을 가득 채워 그리면, 나중에 퍼즐을 조각내어 다시 맞추는 작업이 수월해진다. 아동은 이 퍼즐을 집으로 가져가서 건강한 대처 전략 '도구 상자'에 추가할 수 있다.

슈퍼히어로와 거울 기술

　불안을 경험하는 아동들은 종종 무력감과 압도감을 느낀다. 불안장애 치료에서 중요한 것은 아동이 권한(혹은 힘)이 있다고 느끼며 걱정을 통제할 수 있다고 느끼도록 돕는 것이다. 이를 수행할 수 있는 방법 중 하나가 슈퍼히어로의 은유를 사용하는 것이다. 먼저, 슈퍼히어로가 가진 능력들을 모두 작성하게 한다(필요하다면 부모나 치료사 도움을 줄 수 있다). 예를 들어, 힘, 대범함, 용기 등이 있을 수 있다. 그런 다음, 아동은 슈퍼히어로 복장을 하고, 자신의 불안 증상과 맞서 싸우기 위해 필요한 슈퍼히어로의 파워에 대해 생각해 보도록 한다. 아동이 준비되었다면, "나는 내 침대 밑에 있는 괴물을 무서워하지 않아요!" 또는 "나는 용감해요! 나는 강해요! 나는 할 수 있어요!"와 같은 메시지를 크게 외치면서 힘을 부여한다. 회기가 끝날 때, 아동에게 슈퍼히어로 가면을 만들어 주거나 제공하여 집으로 가져갈 수 있도록 한다. 그렇게 되면 아동은 일주일 내내 슈퍼히어로가 되어 자신을 지지하며 권한을 부여하는 메시지를 기억할 수 있다. 이 기법은 개인·가족·집단 치료에 사용할 수 있다.

준비물
슈퍼히어로 복장(가면, 망토, 방패, 검, 마술 지팡이 등 포함)
전신 거울
슈퍼히어로 가면 또는 가정용 '도구'로 사용할 (아무것도 그려져 있지 않은) 공백 가면

진행 방법
1. 아동에게 매일 옷을 입고 거울 앞에 설 때마다 변신한 사람에 대해 묘사해 보라고 말한다.

2. 아동은 한 번에 한 벌의 복장을 선택할 수 있다. 아동이 복장을 입기 시작하면, 각 아이템이 나타내는 초강력 힘이나 슈퍼 파워가 무엇인지를 물어본다. 예를 들어, 망토는 비행할 수 있는 초강력 힘을 나타낸다.

3. 아동에게 서로 다른 복장을 계속 입게 하면서, 각 복장이 대표하는 서로 다른 초강

력 힘이 무엇인지 확인한다. 아동이 슈퍼히어로처럼 보인다고 한 순간, 거울로 본 슈퍼히어로와 상상 속의 슈퍼히어로를 묘사하게 한다.

4. 슈퍼히어로가 된다면 어떨지 생각해 보게 한다. 탐색을 위한 질문은 다음과 같다.

- 슈퍼히어로라면 어떻게 할 건가요?
- 누구를 구출하거나 구할 건가요?
- 어떤 파워를 사용할 건가요?

5. 아동은 슈퍼히어로가 되는 '연습'을 하면서 현재 아동이 겪고 있는 어려운 상황을 변화시키기 위해 할 수 있는 일을 연기해 보게 한다.

6. 회기를 마칠 때, 아동이 이미 소유하고 있었지만 미처 인식하지 못했던 슈퍼히어로의 파워에 대해 작성하게 한다. 예를 들어, "나는 착하다. 엄마를 위해 가방을 대신 들어 드리는 것과 같이 다른 사람들을 돕는 데 근육을 사용할 수 있다. 나는 친구 편에 설 수 있다. '그만둬! 나는 이런 거 좋아하지 않아!'라고 말할 수 있다."라고 쓸 수 있다.

7. 아동에게 매일 거울을 보며 슈퍼히어로가 되는 연습을 하는 '숙제'를 준다.

8. 촉진자로서, 회기가 끝날 때 아동에게 슈퍼히어로 가면을 주면 시각적 상기물이 되어 가정에서 숙제를 할 때 도움이 될 것이다. 공백 가면을 사용하는 경우, 치료 회기를 끝내기 전에 아동에게 가면을 장식하게 한다.

걱정 파수꾼

나는 꿈 파수꾼(dream catcher)의 상징을 좋아한다. 내 놀이방에도 꿈 파수꾼이 하나 있다. 어느 날 한 내담자가 내게 "나쁜 꿈을 잡는 꿈 파수꾼은 있는데, 왜 걱정거리를 잡는 걱정 파수꾼(worry catcher)은 없나요?"라고 물었다. 그래서 그날 걱정 파수꾼이 태어났다.

이 놀이치료 기법은 아메리카 원주민의 상징인 꿈 파수꾼을 모델로 하고 있다. 꿈 파수꾼의 전통적인 의미는 잠자는 사람, 특히 아동을 보호하는 것이다. 꿈 파수꾼은 나쁜 꿈을 모두 잡아내고 걸러 내어, 잠자는 아동이 좋은 꿈만을 꾸도록 하기 위해 만들어졌다. 나쁜 꿈은 꿈 파수꾼에 의해 파괴되었다. 걱정 파수꾼은 아동의 걱정 강도를 파악하고, 이해하고, 감소시키는 데 도움을 주기 위해 만들어졌다. 아동은 내버릴 준비가 된 걱정과 간직하고 있을 걱정을 결정할 수 있다.

준비물

화이트보드

사인펜, 매직, 연필

접착 테이프

스펀지로 된 흡착식 다트와 다트 총

사각형 종이

봉투

진행 방법

1. 화이트보드에 걱정 파수꾼을 크게 그린다. 원 하나를 크게 그리고, 그 안에 그보다 작은 원을 여러 개 그린 후, 원을 연결하는 선을 그려서 그물망 모양으로 만든다. 꿈 파수꾼과 비슷한 모양으로 해도 되고, 아동이 원하는 어떠한 모양도 가능하다.

2. 아동은 생각나는 걱정거리들을 사각형 종이에 적는다.

3. 접착 테이프를 고리 모양으로 만들어서 사각형 종이와 다트 끝을 서로 붙인다. 접착 테이프를 고리 모양으로 하나 더 만들어서 종이의 바깥쪽에 붙인다.

4. 다트를 다트 총에 장착하고 그물망을 향해 쏜다. 아동이 원하는 만큼, 또는 시간이 허락하는 만큼 쏘게 한다.

5. 그물망에 붙여진 모든 걱정은 이제 걱정 파수꾼에게 '잡힌' 것이다. 아동과 함께 각 걱정을 탐색하기 위해 각 걱정의 강도를 1~10점 중에서 점수를 주도록 한다 (10은 가장 크게 걱정하는 것이고, 1은 가장 덜 걱정하는 것이다). 아동과 함께 각 걱정의 강도를 줄이기 위해 사용할 수 있는 대처 기술에 대해 이야기한다. 예를 들어, 어둠을 무서워하는 아동은 방에 입실하기 전에 침대에 손전등을 두거나 '유령 제거용 스프레이(라벤더 에센셜 오일)'를 뿌릴 수 있다. 그물망에 있는 각 걱정거리를 살펴보고 점수를 매긴 후, 그 걱정을 줄이거나 없애기 위해 사용할 수 있는 대처 기술에 대해 브레인스토밍을 한다.

6. 그물망에 붙지 않은 종이가 있다면, 아동은 그물망을 향해 다시 쏘거나 종이를 보관하거나 치료사에게 줄 수 있다. 어떤 아동은 이 걱정거리들을 나중에 탐색하기 위해서 걱정상자나 특별한 봉투에 넣어 두기를 바라기도 하며, 또 다른 아동은 걱정거리를 없애 버리고 고통을 덜 느끼고 싶어 하기도 한다.

7. 모든 아동이 걱정을 탐색할 준비가 되어 있는 것이 아니기에 사용 시에 주의해야 한다. 아동이 편안하다고 느끼는 정도나 능력에 따라 탐색 정도가 달라진다. 앞의

활동에 대해 아동마다 서로 다르게 반응한다. 어떤 아동은 한 번에 하나의 걱정만을 탐색하는 선택을 할 것이며, 그물망에 걸린 나머지 걱정들을 이후 회기의 체크인으로 사용하거나 불안 관련 장애 및 감정에 대한 지속적인 치료의 일부로 사용할 것이다.

내 안의 화산 폭발

　대부분의 아동은 자신의 감정을 언어로 적절하게 표현하는 것을 어려워하며, 때로는 건강하게 대처할 수 있는 전략이 부족하기에 내면에서 엄청난 감정이 느껴지면 다른 사람에게 공격적으로 행동하거나 심하게 화를 내기도 한다. '내 안의 화산 폭발(my volcano inside)'은 예술 기반 놀이치료 기법으로, 아동이 행동적으로 혹은 정서적으로 '폭발'하기 전에, 내면에서 느껴지는 감정(또는 느껴지는 곳)을 시각적으로 표현할 수 있도록 도와주는 활동이다. 이 활동은 신체에서 나타나는 분노 폭발 신호를 이해하고 엄청난 감정을 건강하게 관리하는 법을 배울 수 있도록 돕는다.

준비물
매직, 크레용, 페인트, 연필
진저브레드 종이 인형

진행 방법
1. 분노와 걱정으로 가득 찬 기분이 내부에서 어떻게 계속 쌓여 가는지를 설명한다. 이는 마치 뜨거운 용암으로 가득 차서 지속적으로 압력을 받고 있는 화산 상태와 유사하다. 압력이 더해지면 결국 화산은 폭발하여 화산재와 용암이 곳곳에 뿌려진다. 우리의 감정도 화산과 비슷하다. 엄청난 감정이 내면에 가득 쌓이면, 결국 우리는 '폭발'하여 사랑하는 사람과 물건에게 종종 불쾌한 감정의 잔재를 남긴다.

2. 내담 아동의 신체 내부에서 '화산'이 느껴지는 지점을 탐색한다. 다음과 같은 질문을 할 수 있다.

- 화가 나면 배에는 어떤 느낌이 드나요?
- 화가 나면 심장에는 어떤 느낌이 드나요? 빠르게 뛰나요? 아니면 느리게 뛰나요?
- 화가 나면 주먹이나 턱에는 어떤 느낌이 드나요?

3. 진저브레드 종이 인형 위에 미술도구(크레용, 매직, 물감 등)를 사용하여 아동 자신
   의 화산을 어떻게 느끼는지, 신체 내의 어느 부위에서 그러한 느낌이 드는지를 그
   리게 한다.

4. 어떤 기분이 화산 내부를 불타오르게 하는지 탐색한다. 아동이 경험한 서로 다른
   정서와 감정을 작성한 후에, 아동이 작품에 칠한 색깔과 아동 기분 간의 연관성이
   있는지 살펴본다.

5. 감정을 폭발하지 않으면서 화산 내부의 압력을 완화할 수 있는 세 가지 방법을 생각
   해 본다. 예를 들어, "화가 나면, 엄마랑 대화할 수 있어." 또는 "마법의 바람개비를 사
   용하여 걱정을 날려 버릴 수 있어." 등이 있다.

제5장
자폐스펙트럼장애
놀이치료 개입

놀이는 자유로워지도록 돕는다.

―Eliana Gil

　자폐스펙트럼장애(Autism Spectrum Disorder: ASD)는 DSM-5(2014)에 명시된 신경발달장애이다. ASD 진단은 여러 가지 검사, 평가, 관찰을 통해 아동청소년의 행동을 다각적으로 측정하는 심리평가 후에 내려진다. ASD는 스펙트럼장애로서, 증상의 심각도가 매우 경미한 수준부터 중증에 이르기까지 다양하다. 이러한 다양성 정도를 일반적으로 저기능과 고기능, 혹은 경도와 중도 장애라고 표현한다. ASD 아동·청소년은 유사한 영역에서 문제를 보이지만, 장애로 인해 나타나는 모습은 증상의 정도 및 다른 기능의 장애(미세 운동 문제, 정상 지능, 언어 발화의 증가/감소) 유무에 따라서 다양할 수 있다(Coplan, 2010).

　미국 자폐증협회(Autism Society of America, 2017)는 ASD를 복합발달장애(complex developmental disability)로 정의한다. 일반적으로 ASD의 증상은 아동 초기부터 나타나며, 다른 사람과 의사소통하고 상호작용하는 능력에 영향을 미친다. ASD는 다음과 같은 일련의 증상을 나타내지만, 그 정도에 있어서 개인차가 매우 크다. 자폐증 관련 행동 증상으로는 언어 학습 지연, 눈 맞춤의 어려움과 대화를 유지하는 것의 어려움, 추론 및 계획과 관련된 실행 기능의 어려움, 관심사가 제한되고 강렬하게 추구함, 서툰 운동 능력과 감각적 예민성 등이 있다. ASD는 이러한 행동 중 일부만을 보일 수도 있고 여러 증상을 한꺼번에 보일 수도 있으며, 이외에 다른 행동을 보일 수도 있다. 이렇게 모든 행동을 살펴보고 그 심각도를 분석한 후 ASD 진단이 내려진다.

자폐증을 일으키는 단일 원인에 대해서는 알려진 바가 없지만, ASD에 대한 인식의 증가로 인해 조기 진단과 치료적 개입, 적절한 서비스와 지지를 받으면 그 증상이 유의미하게 향상된다. 몬테이로에 따르면, ASD는 개인이 언어를 사용하는 방식, 다른 사람들과 의사소통하는 방식, 사회적 관계를 이해하고 참여하는 방식, 감정을 이해하고 관리하며 조절하는 방식, 감각 입력 및 관심 분야에 반응하고 관리하는 방식 등에 영향을 미쳐서 개인의 발달 정도 및 발달 양상을 독특하게 만든다(Monteiro, 2016). ASD는 아동의 사회, 정서, 운동, 발달 및 학습 장애에 이르기까지 다양한 분야에 영향을 미칠 수 있다. 그러므로 ASD 아동을 위한 개입을 하려는 치료사라면 아동의 장애 정도뿐만 아니라 강점 기술도 파악할 수 있는 평가를 해야 한다.

ASD는 개인의 장애 정도에 따라서 경증에서 중증도에 이르기까지 다양한 스펙트럼으로 존재한다. 스펙트럼 극단의 중증도에 있는 아동은 말을 할 수 없고 더 심각한 발달 지연이 있을 수 있다. 스펙트럼의 또 다른 극단의 경증에 있는 아동은 정규 학급에서 기능할 수 있으며, 궁극적으로는 ASD의 기준에 더 이상 도달하지 않을 수도 있다. 두 아동이 동일한 진단을 받았더라도, 그들의 ASD 모습은 동일하지 않을 수 있다. ASD 진단을 받은 어떤 아동은 비언어적이며 IQ가 낮을 수 있지만, 동일 진단을 받는 또 다른 아동은 IQ가 평균상 범주에 있을 수 있고, 또 다른 아동은 심지어 지적으로나 언어적으로 우수할 수도 있다. 자폐스펙트럼상에서 아동의 위치를 간단하게 설명하기 위해 '저기능(low functioning)'과 '고기능(high functioning)'이라는 용어를 사용한다(Exkorn, 2005).

자폐스펙트럼을 보는 조금 더 정확한 방법은 각 아동을 개별적으로 바라보고 현재 아동이 각각의 발달 기술 영역에서 어디에 위치하는지를 평가하는 것이다. 실제로 ASD 아동·청소년은 두 가지 범주(저기능 혹은 고기능) 중 어느 하나에 속하지 않을 수 있으며, 각 아동의 개별적인 기능과 기술 수준에 따라 스펙트럼상에서 개인의 위치가 정해진다(Grant, 2016a). ASD 진단에 수반되는 행동 표현의 범위가 다양하고 수많은 문제가 관련되어 있기 때문에 모든 치료법을 고려한 후 개별 아동의 특정 요구와 문제에 맞추어 치료를 조정하는 것이 중요하다.

부모의 참여

ASD 아동의 부모와 형제도 신경증 내담자만큼 놀이치료를 통한 도움을 필요로 한다. 놀이치료 접근은 자폐증 아동을 위한 개별 치료뿐만 아니라 가족치료(부모훈련 포함)로도 가능하며, 사회성 및 또래 갈등 문제를 다루기 위한 특수 집단치료로도 가능하다. 다양한 놀이치료 기법이 있으므로 ASD 아동·청소년이 경험하는 어려움 및 특정 기술 결함에 맞추어 제공할 수 있다.

부모는 자녀의 치료에 중요한 역할을 한다

로버트 그랜트에 따르면, 어떠한 치료적 접근을 사용하든 관계 형성은 중점에 두어야 하는 영역이다. 치료사는 치료를 시작할 때나 치료를 하는 동안 아동·청소년과 치료 관계 구축을 위해 시간을 소요해야 할 뿐 아니라 함께 작업하는 부모와의 관계 구축을 위해서도 시간을 소요해야 한다. 부모는 ASD 자녀의 도전적인 행동으로 인해 종종 육아에 대한 부적절감과 고립감을 느끼며, 처음 상담을 받으러 갈 때 긴장된 부모-자녀 관계를 호소하는 경우도 흔히 있다.

유대감이 있는 건강한 가정을 만드는 특성을 조사한 여러 연구에 따르면, 건강한 부모-자녀 관계와 건강한 가족을 위한 중요한 구성 요소로 정기적으로 '함께 즐거운 시간을 갖는 것'이라고 지적한다(Krysan, Moore, & Zill, 2010). 건강하지 못한 가족 체계를 경험하고 있는 가족이라면 가족 전체를 통합하는 치료에 참여하는 것이 도움이 될 수 있다. ASD로 인해 한 명 이상의 아동이 어려움을 겪고 있다는 가정이라면 특히 여기에 해당한다.

가족치료 과정과 그 과정에 아동을 포함시키는 과정은 수십 년 동안 다양한 형태로 이루어져 왔다(Gil, 2015). 놀이치료 이론가들은 ASD로 인해 발생할 수 있는 다양한 문제를 다루기 위해서는 가족 놀이 과정에 부모와 자녀를 함께 참여시키는 것이 중요함을 확인하였다(Grant, 2015). ASD로 인해 영향을 받고 있는 가족을 대상으로 한 성공적인 가족 놀이치료 기법으로 부모 놀이치료(Filial Therapy; VanFleet, 2014), 치료놀이(Theraplay; Booth & Jernberg, 2010), AutPlay® 치료(Grant, 2016a)[1] 등이 있다.

엘리아나 길에 따르면, 가족치료에서 놀이를 활용하면 가족 구성원이 서로에 대해 가지고 있는 경직된 인식을 바꾸는 데 도움을 받을 수 있다(Gil, 2015). 자녀와 함께 치료적인 놀이에 참여함으로써 부모는 자신의 세계에서 자녀를 만나고 정서적인 관계성을 강화할 수 있으며, 부정적인 상호작용 패턴과 의사소통 패턴을 변경할 수 있고, 애착 유대를 강화할 수 있다. '가족 비눗방울 잡기(Family Bubble Tag)'는 ASD 아동 및 가족이 모두 함께 참여하도록 고안된 구조화된 가족 놀이치료 기법으로, 관계 및 사회적 상호작용 기술을 증진하고, 부모-자녀 관계를 개선하고, 애착 유대 관계를 강화하며, 함께 즐거운 시간을 경험하는 가족 분위기를 조성하고 모델링하는 데 도움이 된다.

● --

사례 연구—개빈

개빈은 5세 아동으로 어머니(생모)와 함께 치료실에 방문하였다. 개빈은 이전에 ASD와 ADHD를 진단받은 적이 있다. 개빈은 어머니, 남동생과 함께 살고 있고, 주기적으로 아버지에게 방문하고 있다. 어머니 보고에 따르면, 개빈은 학교와 집에서 행동 문제를 보이고 있으며, 적절한 또래 관계 기술이 부족하다. 어머니 보고에 의한 개빈의 행동 문제는 (교사나 어머니

---

1 AutPlay® 치료는 로버트 그랜트 박사에 의해서 개발된 통합적인 가족 놀이치료 접근으로, ASD 및 관련 발달장애 아동 및 부모를 대상으로 정서 조절 능력 증진, 사회적 기술 및 기능의 증진, 관계 발달 증진, 불안 수준 감소, 감각 처리 도전의 향상, 집중 및 주의력 향상, 바람직하지 않은 행동의 감소, 부모-자녀 관계 향상을 목표로 하여 구조화된 놀이치료 개입과 행동적 접근, 관계 발달 접근을 통합한 접근 방법이다.

의 말을) 주의 깊게 듣지 않으며, 자신이 원하는 것만을 하며, 정해진 규칙을 따르지 않고, 또래와 상호작용하지 못하며, 또래와 협력하거나 공유하거나 공동 놀이하는 능력이 부족하다. 어머니는 또한 개빈이 집중을 유지하는 데 어려움이 있으며, 때때로 적대적이고 반항적인 것처럼 보인다고 보고하였다. 어머니는 놀이치료를 통해 가정과 학교에서의 개빈의 행동 문제가 개선되고, 사회적 기술이 증진되며, 주의력과 집중력이 향상되기를 희망하였다.

놀이치료 초기 회기는 개빈과 어머니, 치료사 간의 치료적 유대 관계를 형성하고 관계를 발전시키는 것을 목적으로 하였다. 첫 회기는 평가 절차에 초점을 두었고, 치료사의 행동 관찰과 어머니의 자기 보고 설문 작성이 이루어졌다. 평가 절차 결과를 토대로 또래들과의 사회적 기능을 개선시키고 행동 문제(조절장애 에피소드가 확인됨)를 감소시키는 것을 치료 목표로 설정하였다. 치료사와 어머니는 개빈이 주 1회 치료를 받으며, 초기 치료 목표로 또래 상호작용 관련 사회적 기술 증가, 조절 장애(원치 않는 행동) 감소, 주의력과 집중력 증가의 세 가지에 초점을 맞추기로 하였다. 치료사는 'AutPlay 치료'를 시행하고자 하였다.

개빈의 어머니는 개빈과 치료사가 하는 모든 회기에 참여하였다. 치료 회기는 전형적인 놀이치료실 환경에 감각중심의 놀잇감(펀치백, 짐볼, 테라퍼티(theraputty)[2], 워터비즈(water beads)[3] 트레이, 미니 트램펄린 등) 몇 가지를 추가하여 진행하였다. 치료사는 개빈이 놀이 과정을 이끌게 하면서 좋아하는 것을 가지고 놀거나 선택하도록 하였다. 치료사와 어머니는 개빈의 놀이에 함께 참여하면서, 개빈에게 주고받기(turn-take) 및 상호 놀이(일반적인 또래 놀이 기술 모방)를 연습할 수 있는 기회를 주고자 하였다. 초기 회기에서는 또래 사회 기술을 최소한으로 탐색하였으며, 이때 치료사는 개빈의 능력을 넘어선 수준까지 밀어붙이지 않도록 주의하였다. 매 회기마다 치료사와 어머니는 개빈이 적절한 또래 상호작용 및 놀이 기술에 더 많이 참여할 수 있도록 하기 위하여 노출의 정도 및 또래 상호작용 능력을 증진시키려고 노력하였다. 회기가 진행되면서, 개빈의 기술은 향상되었다. 대략 10회기 이후부터, 개빈은 적대적 행동을 보이지 않

---

2 테라퍼티는 손 운동을 위한 특수고무찰흙이다.

3 워터비즈는 작고 단단한 구슬이지만 물에 넣으면 말랑말랑해지는 구슬이다.

았으며 주고받기에 참여할 수 있었으며, 불안이나 저항 없이 치료사 및 어머니와의 놀이 상호작용에 참여할 수 있었다.

- -

11회기 즈음부터, 치료사와 어머니는 조금 더 구조화된 접근을 시도하였다. 세 사람은 번갈아가면서 게임을 선택하였으며, 모두가 함께 놀 수 있는 놀잇감을 선택하였다. 이때 각 사람이 선택한 놀이를 할 수 있는 시간은 5분 정도였고, 5분 경과 후에는 다음 사람이 놀이를 선택하였다. 이는 개빈이 다른 사람이 선택한 놀이에 참여할 수 있는 시간이었다. 이 과정은 25회기까지 지속되었다. 처음에 개빈은 다른 사람이 선택한 놀이에 참여하는 것을 힘들어하면서 저항하곤 했다. 치료사나 어머니는 게임이나 놀이 유형을 선택할 수 있는 차례가 되면, 조금 더 구조화된 놀이를 선택하여 사회적 기술, 조절 능력, 집중력 및 주의력을 증진시키고자 하였다. 회기 내내 치료사는 개빈의 조절 장애 문제를 염두에 두면서 너무 도전적인 과제를 제시하지 않도록 모니터링하였다. 일부 회기는 다른 회기보다 원활하게 진행되었으며, 이는 개빈이 이룬 진보의 일부로 간주되었다. 치료 과정 내내 어머니는 가정에서 개빈과 주고받기 및 구조화된 놀이 개입을 시행하였다. 이를 통해 개빈은 치료 목표를 위한 작업을 더 자주 할 수 있었고 초기에 발견된 부족한 기술을 좀 더 빠르게 발달시킬 수 있었다.

25회기에, 치료 목표 달성을 확인하기 위하여 개빈에 대한 재평가가 이루어졌고, 치료사의 관찰 및 부모의 자기 보고 설문이 시행되었다. 개빈은 모든 치료 목표 항목에서 향상을 나타냈다. 개빈은 치료사와 어머니와 함께 교대로 게임을 선택할 수 있었으며, 시간 내내 치료사 및 어머니와 적극적으로 놀이를 할 수 있었고, 저항 없이 놀이에 참여할 수 있었다. 또한 개빈은 더 잘 집중할 수 있었으며, 주의를 더 오래 지속할 수 있었다. 어머니의 보고에 따르면, 가정과 학교에서의 행동 문제가 감소되었다. 개빈은 좀 더 차분해졌고 조절장애 문제를 나타내는 경우가 거의 없었다. 학교 보고에 따르면, 개빈은 또래 및 교사들과 더 잘 상호작용하였다. 개빈은 AutPlay 치료 참여 전보다 다른 아동들과 더 많이 놀고 교사 요청에 더 높은 응답률을 보였다. 어머니와 치료사는 치료를 통해 해결해야 할 추가 목표를 확인하였다. 개빈은 매주 치료에 계속 참여했으며, 치료사는 치료 목표를 해결하기 위해 구조화된 놀이치료를 계속해서 시행하였다. 치료사는 또한 집에서 시행할 수 있는 개입법을 어머니에게 가르쳐 주었다.

놀이치료와 자폐스펙트럼장애

놀이치료 접근법은 특히 사회적·정서적 문제를 자주 경험하는 ASD 아동·청소년에게 유용하다. 놀이치료는 각 아동의 개별적·발달적 요구에 맞추어 고유하게 반응할 수 있다. 최근에 아동의 사회적·정서적 어려움을 치료하는 이상적인 방법으로 놀이를 강조하는 아동 치료 문헌이 증가하고 있다(Bratton, Ray, Rhine, & Jones, 2005; Josefi & Ryan, 2004). 연구에 따르면, ASD 진단을 받고 놀이치료에 참여했던 아동들은 가상놀이, 애착, 사회적 상호작용, 자기조절, 변화에 대한 대처, 정서적 반응 및 자율성에서 상당한 개선을 나타냈다(Josefi & Ryan, 2004).

로렌스 루빈에 따르면, ASD 아동을 위한 놀이치료 접근이 사회적·정서적 기능의 향상, 행동 문제의 감소, 불안 감소, 정서 조절 능력의 향상 등의 효과가 있는 것으로 여러 문헌에서 밝혀졌으며(Rubin, 2012), 여기에 포함된 놀이치료 접근으로 통합 모델, 아동중심 놀이치료, 은유적 놀이, 인지행동 놀이치료, 게임, 레고 놀이 등이 있다. 그랜트는 치료놀이(Booth & Jernberg, 2010), 부모 놀이치료(VanFleet, 2014), AutPlay® 치료(Grant, 2016a)와 같은 가족 놀이치료 접근법도 ASD 아동 및 가족에게 효과적이라고 보고하였다(Grant, 2016a). AutPlay 치료는 기존 자폐증 치료와 유사하게 가족과 협력하는 방식으로 이루어지면서도 놀이치료(구조화된 놀이치료 중재 포함)를 통합하여 접근하기에 ASD 아동에게 자연스럽게 개입할 수 있다는 장점이 있다.

놀이치료와 놀이 기반 치료는 ASD 아동과 함께 작업할 때 적절한 개입이 될 수 있으며, 특히 사회적 기술이 거의 없고 의사소통이 부족한 아동들과 함께 작업할 때는 더욱 그렇다(Parker & O'Brien, 2011). 최근의 새로운 연구에 따르면, ASD 및 기타 신경 발달 장애가 있는 아동·청소년을 위한 효과적인 치료 방법으로 놀이 기반 중재가 점점 더 타당성을 얻고 있다. 놀이 기반 중재는 전문가들에게 치료를 개별화할 수 있는 기회를 제공하고, 다른 ASD 치료가 제공할 수 없는 놀이적이면서 자연스러운 방식으로 아동에게 개입할 수 있는 기회를 제공한다.

그랜트는 ASD 아동에게 놀이치료 작업을 하기 위해서는 전형적인 놀이치료 과정을 넘어선 추가적인 이해와 수정이 필요하다고 주장하였다. 그는 ASD 아동·청소년을 대상으로 구조화된 놀이치료 개입을 시행할 때 다음의 지침을 제안하였다 (Grant, 2016a).

- 놀이치료실이나 사무실에서 회기를 시작할 때 아동·청소년이 따라야 하는 일상적인 루틴을 만들라. 매 회기마다 동일하게 유지하라. ASD 아동은 예측 가능할 때 좀 더 긍정적으로 반응할 것이다.
- ASD 아동·청소년 중 일부는 강한 감각 문제를 가지고 있을 수 있다. 전문가는 이들의 요구를 파악하여 그에 맞추어 사무실 환경을 조정해야 한다. 여기에는 조명 및 소음 수준 조정, 향초와 같은 특정 냄새 제거가 포함될 수 있다.
- 지시적 놀이치료 기법을 사용한다면 지시를 간단하게 하고 이해하기 쉬운 단계로 세분화하라. 아동·청소년이 특정 개입을 이해하거나 완수하는 데 어려움을 겪는다면 전문가는 과제를 세분하여 한 번에 한 단계씩 완수할 수 있도록 도움을 제공한 이후에 그다음 지시를 제공하라.
- 필요하다면 아동·청소년이 행동하기를 바라거나 만들기를 바라는 것의 모델이 돼라. 아동은 때때로 자신에게 요구된 것에 대한 시각적 표상을 필요로 한다. ASD 아동은 일반적으로 수용 언어 능력의 어려움을 겪고 있으므로, 구두로만 제공되는 지시를 이해하는 데 어려움을 겪을 수 있다.
- 아동·청소년과 함께 놀이 기법에 참여할 준비를 하라. 전문가는 종종 아동을 돕거나, 아동과 놀이하거나, 개입에 대한 자신만의 표상을 만들게 하기 위해 적극적으로 참여할 것이다.
- 아동·청소년이 기술을 습득하는 과정이나 습득한 이후에 그들이 어떻게 했으며, 무엇을 성취했는지에 대해 격려하고 칭찬하는 피드백을 제공하라.

- 회기/기법 시행 중에 관찰자가 되어 해당 기법이 아동·청소년에게 잘 맞는 지 평가하고, 기존 치료 목표를 달성하는 데 적합한지 평가하라. 아동·청소 년이 어려움을 겪고 있는지 주목해서 보고 어떻게 도울 수 있는지 평가한다.
- 아동·청소년에게 그 기법에 대해 질문하라. 아동·청소년이 그 기법을 즐겼 는지, 그 기법으로부터 무엇을 배웠는지를 질문한다. 아동·청소년과 함께 그 기법을 이해하고 실제 생활에 적용해 볼 수 있도록 노력한다.
- 회기가 끝난 후 시간을 할애하여 회기가 어떻게 진행되었는지, 그 기법이 아 동·청소년에게 성공한 것으로 보이는지를 평가한다.
- 재미는 형식보다 훨씬 더 중요하다. 개입하는 동안 아동·청소년은 안전하고 편안하며 재미있다고 느껴야 한다. ASD 아동의 기술 결함에 대해 언급하면, ASD 아동은 불안감이나 조절 장애를 경험할 수 있음을 명심해야 한다.
- 전문가의 놀이적인 본능과 태도는 측정하기 어렵고 종종 저평가되는 부분이 지만 상당히 중요한 부분이다. 여러 기법이 ASD 아동의 기술 결함에 대해서 언급하고 있으며 일부 기법은 ASD 아동을 이끌 만한 유인가가 상당히 부족 하기 때문에 전문가의 놀이적인 태도를 통해 아동·청소년이 좀 더 참여하고 즐길 수 있도록 만드는 것이 중요하다.

그 기법을 가장 잘 활용할 수 있도록 만드는 것은 아동 및 가족과의 관계이다! 치 료 과정에서 관계에 초점을 두지 않았기 때문에 어려움을 겪다가 나중에 치료사와 아동 간의 관계성에 초점을 두었더니 큰 성공에 이르고 기술이 더욱 개발되었다고 보고된 아동 사례가 매우 많다.

ASD가 있는 일부 아동은 (상대방의 행동에 맞추어) 조율하며 관계를 맺는 기술이 부족하기에 이러한 개입은 최소한의 기본 지시를 이해할 수 있고, 주고받는 상호 작용에 참여할 수 있는 ASD 아동·청소년에게 좀 더 적합하다. 물론 놀이치료 개 입을 할 때 관여를 좀 덜 하고 아동의 특성(더 심각한 장애가 있는 아동부터 장애가 적은 아동에 이르기까지)에 맞추어 치료적 개입을 조정할 수도 있다. 이를 위해 치료사는 아동의 기술과 기능 수준에 대해 명확히 인식하고 있는지, 선택한 놀이치료 개입 이 아동에게 잘 맞는지 확인하고 면밀히 검토해야 한다.

놀이치료 개입 여부와 상관없이, 치료사와 아동 간의 관계는 아동의 치료 목표를 실현하는 데 핵심적인 역할을 한다. 치료사와 아동 간에 형성된 치료적 관계는 성공적인 치료의 기반이 된다. 치료 동맹을 맺을 때 치료사는 아동이 수용받고, 이해받고, 존중받는다고 느낄 수 있도록 안전한 분위기를 조성해야 한다(Lowenstein, 1999). 놀이치료 개입은 아동·청소년을 대상으로 매우 구조적이고 지시적인 회기를 만드는 것이 도움이 된다. 그러나 놀이 기반 개입의 지시적 요소로 인해 치료사와 아동 간의 좋은 관계와 강한 유대 발전의 중요성이 간과되어서는 안 된다.

　놀이치료 접근법은 아동·청소년, 성인, 가족, 커플 및 집단을 대상으로 성공적으로 시행되어 왔다. 놀이치료는 언어적으로 의사소통하지 않더라도 내적 과정과 정서를 주고받을 수 있으며, 그렇지 않으면 확인되지 못했을 문제를 자각하고 언어화하는 데 도움을 준다. 놀이치료는 외부 평가로부터 자유로우면서도 새롭게 창조하고 탐구할 수 있기에 내담자에게 안전을 제공하고 모든 사람 안에 존재하는 선천적인 놀이 욕구를 촉진시켜 준다.

가족 비눗방울 잡기

이 개입은 ASD 아동·청소년이 타인과의 애착을 향상하고, 사회적 기술을 증진하며, 가족과의 관계를 개선하고, 긍정적인 부모-자녀 관계를 형성하는 데 도움을 준다.

준비물
비눗방울이 담긴 병(각 구성원 수만큼)
넓은 공간

진행 방법
1. 가족에게 '가족 비눗방울 잡기'를 할 것이라고 말한다. 가족 구성원 중 한 명을 정해서 다른 가족 구성원을 잡는 역할(술래)을 한다(첫 번째 술래는 자폐아동이 아니어야 함).

2. 술래에게 비눗방울이 담긴 병 하나를 준다. 치료사가 "시작"이라고 말하면, 술래는 비눗방울을 불어 다른 가족 구성원의 몸에 닿게 하여 잡는다.

3. 술래는 다른 가족 구성원을 쫓아다니고, 다른 가족 구성원은 술래로부터 멀리 도망 다닌다. 비눗방울에 닿은 가족 구성원이 있다면, 그 가족 구성원은 잡는 사람(술래)에 합류하게 되고 비눗방울이 담긴 병 하나를 받는다. 이제 두 명의 가족 구성원이 함께 술래가 되어 나머지 가족 구성원을 비눗방울로 잡는 역할을 한다.

4. 비눗방울에 닿게 되면, 그 가족 구성원은 잡는 사람(술래)에 합류하게 되는데, 이때 모든 가족 구성원이 비눗방울에 닿아 잡힐 때까지 계속한다.

5. 모든 가족 구성원이 잡히면 게임이 끝난다. 이때 각 가족 구성원에게 비눗방울이 담긴 병을 하나씩 제공한다. 이 시점에서 모든 가족 구성원이 동시에 비눗방울을 불어 1분 동안 가능한 한 많은 비눗방울을 불도록 한다.

6. 다른 가족 구성원이 잡는 사람(술래)이 되어 이 게임을 다시 시작한다.

7. 이 게임을 몇 번 진행하고 나면 가족 구성원들을 바닥에 둥그렇게 둘러앉게 하여 몇 가지 과정 질문을 한다. 이 게임은 ASD 아동·청소년으로 구성된 사회 기술 집단에서도 일부 수정하여 사용할 수 있다.

과정 질문

- 가족과 함께 이 게임을 하면서 어떻게 느꼈나요?
- 다른 가족 구성원에 대해 무엇을 알게 되었나요?
- 참여를 꺼리는 사람이 있었나요?
- 함께 즐거운 시간을 보냈다고 생각하나요?
- 게임 도중 어떤 문제가 있었나요?
- 이 게임을 하면서 가장 재미있는 부분은 무엇이라고 생각하나요?
- 가족원 중 누가 가장 이 게임을 즐겼다고 생각하나요?
- 가족과 함께 이 게임을 할 때 기분이 좋지 않은 부분이 있었나요?
- 가족과 함께 이 게임을 다시 하고 싶나요?
- 가족과 함께 할 수 있는 또 다른 게임이 있나요?

개입 과정

가족이면 누구나 과정 질문에 답변할 수 있도록 하거나 치료사가 특정 가족 구성원에게 특정 질문을 할 수도 있다. 치료사는 게임을 끝내고 과정 질문에 답하는 가족의 과정에 세심한 주의를 기울이며 관찰한 바를 공유하고 싶어할 수 있다. 길(Gil, 2015)에 따르면, 가족 놀이 개입을 촉진하려면 과정과 내용 모두를 주의 깊게 관찰해야 한다. 과정 관찰은 가족이 서로 의사소통하고 상호작용하는 방법을 말하며, 내용 관찰은 이야기된 내용, 제안된 내용, 새롭게 창조된 내용을 말한다.

비치볼 놀이

　　비치볼 놀이는 아동·청소년이 다양한 발달 기술을 연습할 수 있는 흥미롭고 재미있는 기법이다. 또한 아동·청소년이 집으로 가져가서 가족과 함께 놀이할 수 있는 손쉬운 개입 방법이기도 하다. 이 개입은 3개의 비치볼을 필요로 하는데, 각각은 감정 조절, 사회적 기술, 대처 기술과 같은 특정 기술 개발에 중점을 둔다. [그랜트(Grant, 2016b)는 ASD 아동·청소년이 이러한 세 가지 기술 영역에서 종종 어려움을 겪는다고 제안했다.]

　　프레이저에 따르면, ASD 아동의 부적절하고 바람직하지 않은 행동을 감소시키기 위해서는 적응적인 대처 전략을 증진해야 한다고 제안하였다. 비치볼 놀이는 다목적인 구조화된 놀이 개입으로, 치료사는 ASD 아동의 전형적인 문제 영역인 대처 기술과 다양한 기술 결함을 해결하기 위해 사용할 수 있다. 이 개입은 그랜트의 『자폐 아동·청소년을 위한 놀이 기반 개입』 중 '비치볼 느끼기' 기법 일부를 수정한 것이다.

준비물
비치볼과 검은 색 샤피펜

감정을 위한 비치볼 놀이

1. 비치볼을 분 후, 아동에게 공 전체에 감정단어를 작성할 것이라고 말한다. 치료사는 회기를 시작하기 전에 치료사가 미리 비치볼을 불어서 감정단어를 작성해 두어도 된다.

2. 아동에게 가능한 한 많은 감정을 생각하게 한 다음, 치료사가 감정을 추가로 작성하여 비치볼을 완성한다. 아동을 위해 다루어야 하는 감정이 모두 포함되어 있는지 확인한다. 비치볼에 작성되어야 하는 일반적인 감정에는 분노(화), 행복, 흥분, 걱정, 긴장, 두려움, 사랑, 평온, 평화, 불안, 슬픔, 당황, 수줍음, 외로움, 자부심, 지루함 등이 있다.

3. 공이 완성되면 아동과 함께 공을 주고받는다. 공을 잡았을 때, 오른손 엄지에서 가장 가까운 지점의 감정이 선택된 감정이며, 언제 자신이 그러한 감정을 느끼는지를 이야기 나눈다. 그러면 상대방은 그 감정이 어떤 감정인지 맞힌다(만약 이미 다루어진 감정에 엄지가 놓였다면, 아직 다루어지지 않은 다른 감정을 선택한다).

4. 비치볼을 주고받을 때, "이번에는 우리 서로 헤딩하며 주고받아 볼까?"와 같이 재미있는 요소를 추가할 수 있다.

사회적 기술 개발을 위한 비치볼 놀이

1. 비치볼을 분 후 아동에게 공 전체에 사회적 기술을 작성할 것이라고 말한다. 회기를 시작하기 전에 치료사는 미리 비치볼을 불어서 사회적 기술을 작성해 두어도 된다.

2. 아동에게 가능한 한 많은 사회적 기술을 생각하게 한 다음, 치료사가 사회적 기술을 추가 작성하여 비치볼을 완성한다. 아동을 위해 다루어야 하는 사회적 기술이 모두 포함되어 있는지 확인한다. 일반적인 사회적 기술로는 칭찬하기, 10초 동안 서로의 눈 쳐다보기, 다른 사람에게 자신을 소개하기, '죄송합니다' 및 '감사합니다'라고 말하기, 질문하기, 차례로 번갈아가면서 하기, 적절한 어조로 말하기, 다른 사람에게 자신의 감정을 말하기, 적절한 몸짓을 보여 주기, 다른 사람을 위해 친절하게 행동하기 등이 있다.

3. 공이 완성되면 아동과 함께 공을 주고받는다. 공을 잡았을 때, 오른손 엄지에서 가장 가까운 지점의 사회적 기술이 아동이 보여 주어야 하는 것으로 일반적으로 상대방과 역할극을 수행한다(만약 이미 다루어진 사회적 기술에 엄지가 놓였다면, 아직 다루어지지 않은 다른 사회적 기술을 선택한다).

4. 비치볼을 주고받을 때, "이번에는 우리 서로 엄지손가락으로 쳐 보자!"와 같이 재미있는 요소를 추가할 수 있다.

대처 기술을 위한 비치볼 놀이

1. 비치볼을 분 후, 아동에게 공 전체에 대처 기술을 작성할 것이라고 말한다. 회기를 시작하기 전에 치료사는 미리 비치볼을 불어서 대처 기술을 작성해 두어도 된다.

2. 아동에게 가능한 한 많은 대처 기술을 생각하게 한 다음, 당신이 대처 기술을 추가로 작성하여 비치볼을 완성한다. 일반적인 대처 기술로는 심호흡하기, 점프 잭[4]하기, 짐볼 위에서 바운스하기, 플레이도우 주무르기, 요가하기, 스트레칭하기, 만다라 색칠하기, 비눗방울 불기, 무거운 공 던지기, 펀치백 치기 등이 있다.

3. 공이 완성되면, 아동과 함께 공을 주고받는다. 공을 잡았을 때, 오른손 엄지에서 가장 가까운 지점의 대처 기술을 선택하여 시행을 보이거나 연습한다(만약 이미 다루어진 대처 기술에 엄지가 놓였다면, 아직 다루어지지 않은 다른 대처 기술을 선택한다).

4. 비치볼을 주고받을 때, "이번에는 우리 서로 무릎으로 쳐 보자!"와 같이 재미있는 요소를 추가할 수 있다.

과정 질문
- 자신이 잘한다고 생각하는 사회적 기술은 무엇인가요?
- 향상시켜야 하는 사회적 기술이 무엇인가요?
- 사회적 기술이 중요한 이유는 무엇인가요?
- 자신이 아는 사람 중 사회적 기술이 좋은 사람은 누구인가요?
- 감정 열 가지를 말할 수 있나요?
- 자신이 느끼는 감정에 대해 말하는 것이 왜 어렵다고 생각하나요?
- 가장 좋은 느낌은 무엇인가요?
- 자신을 차분하게 또는 편안하게 해 주는, 가장 좋아하는 일은 무엇인가요?

---

4 점프 잭은 흔히 PT체조라고 불리는 운동으로, 차렷 자세에서 양팔을 측면 바깥쪽으로 하여 위로 들어 올리면서 동시에 발을 어깨 너비보다 약간 더 벌리는 점프 운동을 말한다.

- 평화로운 느낌은 무엇을 의미한다고 생각하나요?
- 긴장을 느끼는 것이 정상이라고 생각하나요?

개입 과정

이 기법은 아동·청소년의 정서 조절을 향상시키고, 사회적 기술을 증진시키며, 대처 및 조절 기술을 발달시키는데 도움을 준다. 치료사는 매 회기에 한 영역(비치볼)에 집중한다. 비치볼 놀이를 한 번 하는 데 한 회기 전체를 사용할 수도 있다. 이 개입은 세 가지 서로 다른 개입을 제공하는데, 각 개입은 모두 동일한 형식을 가지지만 서로 다른 기술 영역에 초점을 둔다. 치료사는 내담자와 함께 어떤 유형의 비치볼 놀이를 실행하는 것이 좋은지 혹은 세 가지 모두를 하는 것이 적절한지 고려해야 한다. 치료사는 아동이 어려움을 겪는 영역에 세심한 주의를 기울이고, 아동에게 가장 큰 결함으로 보이는 기술 영역에 초점을 두고 이후 회기에 개입을 계속한다. 치료사가 허락한다면, 아동은 비치볼을 집으로 가져가서 가족과 함께할 수 있다. 이 개입은 온 가족이 참여하는 가족 놀이치료 개입으로도 시행될 수 있으며, 집단치료 활동으로도 시행될 수 있다. 집단치료 개입으로 시행할 경우, 둘씩 짝지어 집단을 나눈 후 여러 개의 비치볼을 사용할 수도 있으며 전체 집단을 대상으로 하나의 비치볼만을 가지고 놀이할 수도 있다. 치료사는 집단 구성원의 편안함 수준과 사회적 상호작용 능력을 기반으로 하여 최상의 접근 방식을 선택한다.

사회 기술 팔찌

　제럴딘 도슨, 제임스 맥파틀랜드, 샐리 오조노프에 따르면, ASD 아동·청소년은 우정에 대해 매우 제한된 개념을 갖는 경향이 있고, 종종 또래에 의해 거부당하기도 하며, 사회적으로 권장되는 몸짓을 시도하는 데에 어려움을 겪기도 한다(Dawson, McPartland, & Ozonoff, 2002). ASD 아동·청소년은 일반적으로 또래와 우정을 나누고 상호작용하고 싶은 마음은 있지만, 성공적으로 상호작용할 수 있는 사회적 능력과 기술이 부족하다. ASD 아동은 상호작용을 위한 시도를 하지만 대부분 거부당하고 불안에 직면하게 된다. 또래와 교류하려고 반복적으로 시도하지만 늘 거절당하기 때문에 사람들은 ASD 아동이 또래와의 관계 형성에 관심이 부족한 것으로 인식할 수 있다(Grant, 2016a). '사회 기술 팔찌' 놀이 개입은 아동·청소년이 사회적 우정 기술을 습득하고 또래와 더 성공적으로 상호작용하며 집단 및 또래 놀이에서 더 온전하게 참여할 수 있도록 도울 수 있다.

　'사회 기술 팔찌' 개입에 참여하는 아동·청소년은 우정 관련 사회 기술을 향상시킬 수 있을 것으로 기대된다. 특히 우정 기술과 관련된 사회적 기술로 힘들어하는 아동·청소년은 다른 사람에게 집중하여 그 사람에 대해 배우기, 또래와 자연스럽게 재미있는 경험 공유하기, 이름을 기억하는 연습하기 등을 통해 또래와의 관계 형성을 연습할 수 있다.

준비물
여러 가지 색상의 실(혹은 끈)
가위

진행 방법
1. 치료사는 참가자에게 여러 가지 색상의 실(또는 끈)을 나누어 준다.

2. 각 참가자는 한 번에 한 명씩 일어서서 자신을 나타낼 수 있는 실(혹은 끈)의 색상을 고른다. 집단의 각 참가자는 서로 다른 색상을 선택해야 한다.

3. 모든 참가자가 실을 선택한 후, 각 참가자는 자신의 이름, 즐겨하는 일(혹은 취미), 실이나 끈의 색상을 선택한 이유 등을 집단에서 이야기한다.

4. 실을 사용하여 우정 팔찌를 만들 것이라고 집단에게 설명한다. 집단의 각 참가자는 집단의 다른 참가자를 나타내는 색상의 실을 제공받는다. 예를 들어, 집단원이 여섯 명이라면 각 참가자는 자신을 나타내는 색상의 실을 6개 만들어서 자신을 제외한 집단 구성원 다섯 명에게 각각 1개씩 실을 제공한다. 따라서 집단 구성원이 여섯 명이라면 여섯 가지 서로 색상의 실이나 끈을 가지고 팔찌를 만들게 된다.

5. 각 참가자가 집단 구성원의 서로 다른 색상의 실을 모두 갖게 되면, 우정 팔찌를 만든다.

6. 참가자는 자신이 원하는 방식으로 실을 매듭지어 팔찌를 만들 수 있다. 실을 매듭짓는 방식에 대한 공식 지침은 www.instructables.com/id/how-to-make-a-friendship-bracelet-1/이나 유튜브에서 찾을 수 있다.

7. 집단 구성원이 모두 우정 팔찌를 완성하면, 팔에 팔찌를 찬다.

8. 집단 구성원은 한 번에 한 명씩 자신의 팔찌에 대해 말하면서 그 팔찌에 포함된 집단 구성원 각각에 대한 정보를 공유한다. 즉, 발표하는 사람은 팔찌를 구성하고 있는 색상, 각 색상이 나타내는 사람(그 사람의 이름을 말함), 그 사람의 취미 그리고 그 사람이 자신을 나타내기 위해 그 색상을 선택한 이유 등을 이야기한다.

9. 발표자가 기억하지 못하는 내용이 있다면, 나머지 집단 구성원이 기억이 나도록 도와줄 수 있다. 참가자가 모든 정보를 기억하지 못할 가능성이 있다(예: 이름, 특정 색상을 선택한 이유). 이는 ASD 아동·청소년의 전형적인 문제이다.

10. 이야기 나누기 시간이 긍정적으로 인식되도록 정보를 기억하지 못해도 괜찮다는 것을 명확히 한다. 치료사는 모든 집단 구성원이 정보를 기억하게 노력해야

하며 그것이 놀이 과정의 일부임을 분명히 하길 원할 것이다. 하지만 아동·청소년이 정보를 기억하지 못한다고 해서 스스로에 대해 부정적으로 느끼지 않도록 해야 한다.

11. 각 집단 구성원이 다른 구성원의 이름, 그들의 취미, 실의 색상을 선택한 이유 등을 성공적으로 나눌 수 있을 때까지 계속한다.

12. 참가자들은 팔찌를 보관하고 있다가 집단 회의 때마다 팔찌를 착용하고 오도록 권장되며, 주기적으로 다른 집단 구성원 및 그들에 대한 정보를 모두 기억하려고 노력해야 한다.

13. 참가자들은 일주일 내내 팔찌를 착용하여 주기적으로 다른 집단 구성원에 대해 생각하고 그들의 정보에 대해 기억하게 한다.

과정 질문
- 다른 아동들이 당신의 이름을 알고 있고, 당신의 취미에 대해 아는 것에 대해 느낌이 어떤가요?
- 집단에서 당신의 취미와 동일한 취미를 가진 사람이 있나요?
- 누군가의 이름을 알고 기억하는 것이 왜 중요한가요?
- 다른 아동들의 취미를 아는 것이 왜 중요한가요?
- 자신의 이름과 취미를 공유하는 것이 왜 중요한가요?
- 이 활동에서 불편한 점이 있나요?
- 우정 기술을 어떻게 향상시키고 싶나요?
- 때때로 다른 사람에 대한 정보를 기억하는 것이 왜 어렵다고 생각하나요?
- 친구가 없다면 기분이 어떤가요?
- 친구가 있다면 기분이 어떤가요?

개입 과정
치료사는 개입에 대한 각 참가자의 반응과 참여를 기록한다. 치료사는 이 활동을 진행하는 과정에서 집단 구성원이 경험하는 불안과 조절 장애에 대해 민감해야 하며, 개입이 어떻게 느껴지는지 집단 구성원과 함께 공유하길 바랄 것이다. 이러한 공유의 일부에는 상호작용 및 사회적 참여가 어떻게 불안과 조절 장애를 유발하는지에 대한 토론이 포함되어야 한다(이러한 기술을 개발하려고 할 때 이 부분이 예상되어야 한다). 불편한 감정을 정상화하면 집단 구성원은 부정적인 감정을 경험하기는 하지만 그 감정을 피하지 않고 참여하는 데에 도움을 줄 수 있다.

'나는 그거 좋아, 나는 그거 싫어' 손인형

이 개입은 아동들에게 '마음이론(Theory of Mind)'의 학습을 돕는 데 사용된다(Grant, 2016a). 마음이론이란 다른 사람이 자신과는 다른 신념, 욕구, 의도를 가질 수 있다는 것을 이해하는 능력을 말한다. ASD 아동은 종종 마음이론이 결여되어 있으며, 이러한 기술 부족으로 인해 심각한 정서적·사회적 어려움이 유발될 수 있다. 사이먼 바론 코헨에 따르면, ASD 중 일부는 마음이론 발달을 나타내는 모든 신호가 결여되어 있는 것처럼 보이며, 이를 '심맹(mindblindness)'이라고 부른다(Baron-Cohen, 1995). 더 나아가, 바론 코헨은 ASD를 지닌 대부분의 사람이 마음이론의 기본 사항 중 일부를 가지고 있지만 지능을 고려할 때 기대되는 수준만큼 마음이론을 활용하는 데 어려움이 있다고 말했다(Baron-Cohen, 2000). 마음 이론 결여는 중증에서 중등도에서부터 매우 경미한 정도에 이르기까지 다양하다. '나는 그거 좋아, 나는 그거 싫어' 손인형' 개입과 같은 구조화된 놀이 기반 개입을 통해 마음이론 능력의 결함이 있는 아동·청소년의 마음이론을 향상시킬 수 있다(이 개입은 '자폐 아동·청소년을 위한 놀이 기반 개입'의 Autplay 치료 중 그랜트의 '마음이론(Tom) 손인형' 기법 일부를 수정한 것이다).

준비물
다양한 손인형

진행 방법
1. 개입에 사용될 여러 손인형을 제시한다.

2. 아동들에게 손인형을 사용하여 동일한 것에 대해 사람마다 어떻게 다른 생각과 감정을 가질 수 있는지에 대해 이야기할 것이라고 설명한다.

3. 이 기법은 아동들에게 마음이론 과정을 가르치기 위해 손인형을 사용하지만, 손인형이 없는 경우에는 미니어처 인형을 사용할 수도 있다.

4. 먼저, 3개의 손인형(사람 손인형이 좋다)을 선택하여 간단한 이야기를 하는 것으로 시작한다. 이야기를 할 때 각각의 손인형은 동일한 것에 대해 서로 다른 생각과 느

낌을 말한다. 예를 들어, 각 인형은 사과 파이를 맛본다. 한 인형은 그 맛을 좋아하고, 다른 인형은 그 맛을 싫어하고, 또 다른 인형은 괜찮다고 말한다. 그런 다음 손인형들은 또 다른 맛의 파이(예: 초콜릿 맛)를 맛보고 그 파이에 대한 호불호를 두고 서로 다른 생각과 느낌을 표현한다.

5. 이야기에서 마음이론에 대한 3~4개의 다른 예시를 제시해야 한다.

6. 그런 다음 손인형 쇼를 반복하되, 이번에는 아동이 손인형을 선택하고 파이를 맛보는 척하면서 자신의 생각과 느낌을 표현하며 이야기에 참여하게 한다.

7. 아동이 성공적으로 참여한다면, 아동에게 자신의 인형 이야기를 만들게 한다.

8. 각각의 손인형은 자신의 고유한 관점을 지니고 있다는 주제를 토대로 서로 다른 이야기를 펼치면서 이 개입을 여러 번 시행할 수 있다.

9. 각각의 손인형 이야기 후에 마음이론의 개념에 대해 아동과 함께 토론한다.

10. 손인형 이야기는 생동감 있고 재미있어야 하며, 아동이 이야기에 더 많이 참여할 수 있는 기회를 찾게 해야 한다. 궁극적으로 아동이 자신의 마음이론을 인형극으로 공연할 수 있도록 한다.

과정 질문
- 이야기에서 어떤 손인형이 맞다고 생각하나요?
- 인형들은 왜 서로 다른 생각과 감정을 가지고 있나요?
- 다른 아이들과 다르게 생각하거나 느끼는 것이 괜찮나요?
- 당신은 비디오 게임을 좋아하는데 친구들은 좋아하지 않는다면 어떨 것 같나요?
- 다른 사람이 좋아하지 않는 음식을 좋아한 적이 있나요?
- 다른 의견을 갖는다는 것이 무슨 뜻인지 아나요?
- 다른 의견을 가진 사람들의 예를 생각할 수 있나요?

- 당신과 내가 서로 다른 의견을 가지고 있는 것이 있는지 생각해 봅시다.
- 누군가 당신과 다른 생각이나 느낌을 가지고 있을 때 당신에게 어떤 느낌이 드나요?
- 서로 다른 생각과 감정을 지닌 손인형들에 대한 이야기를 만들 수 있나요?

개입 과정

줄리아 무어(Moor, 2008)에 따르면, 자폐 아동들은 마음이론, 특히 다른 사람의 생각, 감정, 믿음을 이해하는 데 어려움을 겪는다. 이 기법은 마음이론 능력과 관련한 아동의 수준을 높일 수 있도록 특별히 구조화되어 있다(아동은 사람들이 같은 것에 대해 다른 생각과 감정을 가질 수 있다는 것을 이해할 수 있다). 손인형을 사용하여 여러 가지 서로 다른 이야기를 만들 때, 이야기의 각 인형은 서로 다른 생각과 느낌을 표현하도록 하여, 이 과정에서 아동이 마음이론을 더 잘 이해할 수 있도록 설계한다. 치료사는 과정 질문을 활용하여 아동이 얼마나 많은 마음이론 능력을 가지고 있는지를 평가하고 아동이 이 개입에 참여한 이후에 향상된 능력을 평가한다. 치료사는 아동의 마음이론 능력이 상당한 향상을 이룰 때까지 여러 번 반복해야 한다는 것을 인지해야 한다.

비행기 모드 제스처 놀이

비행기 모드 제스처 놀이는 아동·청소년이 안전한 집단 환경 맥락에서 또래와 더 잘 상호작용하는 방법을 배울 수 있도록 고안된 기법이다. 이 개입은 ASD 아동·청소년이 또래와의 사회적 상호작용을 향상시키고, 사회적 상호작용과 관련된 불안을 감소시키고, 집단 사회 기술을 향상시키는 데 도움을 줄 것으로 기대된다. 무어(Moor, 2008)는 자폐 아동들은 다른 사람의 생각, 의도, 감정을 이해하기 전에 먼저 '다른 사람'의 존재를 인식해야 한다고 주장했다. 켈러 라우시와 헤플린(Laushey & Heflin, 2000)은 사회적 행동의 손상이 자폐증 아동에게 매우 근본적인 특성이기에 사회적 결함이 ASD의 핵심 특징으로 간주되어야 한다고 제안하였다. '비행기 모드 제스처 놀이'와 같은 구조화된 놀이치료 개입은 특히 ASD 아동·청소년의 사회적 상호작용 및 기능의 향상을 목표로 한다. ASD 아동의 사회적 기술 결핍을 향상시키려 할 때 불안을 덜 일으키고 덜 자극적이면서 안전한 환경을 제공한다면, 그들은 사회적 상호작용에서 더 편안하게 기술의 향상을 이룰 수 있을 것이다(Grant, 2016a).

개입 유형
집단

준비물
색인 카드
연필

진행 방법
1. 각 참가자에게 자신이 좋아하면서도 다른 사람과도 함께 할 수 있는 활동을 생각해 보도록 지시한다. 여기에 전자제품 조작은 포함하지 않는다(그래서 '비행기 모드'이다).

2. 각 참가자는 색인 카드에 자신의 활동을 기록하고 다른 참가자에게는 보여 주지 않는다.

3. 색인 카드를 모두 모아서 각 색인 카드에 기록된 활동을 한 번에 하나씩 행동으로 시연한다.

4. 집단 구성원은 그 활동이 무엇이며, 집단에서 그 활동을 기록한 사람이 누구인지를 알아맞힌다.

5. 그 활동이 무엇이며 그 활동을 작성한 집단 구성원이 누구인지 확인되면, 그 활동을 작성한 사람은 다른 사람과 함께 그 활동에 참여하는 방법에 대해 이야기해야 한다.

6. 참가자는 활동을 함께 할 수 있는 사람이 누구이며, 활동을 할 수 있는 시기와 장소를 확인해야 한다.

7. 각 활동을 시연하고 무엇인지 알아맞힌 이후에 이 과정을 집단 구성원들과 시행한다.

8. 집단 구성원이 색인 카드에 기록된 활동을 수행할 수 있는 사회적 기능 수준에 있다면, 또 다른 집단 회의에서 이 활동을 집단 구성원들과 반복한다.

9. 사회적 편안함 측면에서 이 활동은 더 높은 수준을 요구한다. 사회적 기술의 어려움을 겪는 ASD 아동·청소년은 또래 집단 앞에서 활동하는 것을 불편해할 것이다. 이것을 목표로 하여, 치료사는 특정 시점에서 집단 구성원에게 이 활동을 수행해 보도록 한다.

과정 질문

- 다른 사람과 함께할 활동을 생각하는 것이 어려웠나요?
- 현재 또래와 어떤 활동을 하고 있나요?
- 또래와 비디오 게임을 할 때 긍정적인 점은 무엇이고 부정적인 점은 무엇인가요?
- 또래집단에 속해 있다는 것이 당신에게 어떤 느낌을 주나요?

- 다른 사람들 앞에서 긴장하는 것이 괜찮은 적이 있나요?
- 연락하는 사람이 없다면 어떤 기분이 들까요?
- 또래와 더 잘 상호작용할 수 있다고 생각하나요?
- 집단에서 당신이 할 수 있는 최악의 행동 중 하나는 무엇인가요?
- 이 활동을 마치면서 가장 불편한 점은 무엇인가요?
- 이 활동을 통해 무엇을 배웠다고 생각하나요?

개입 과정

치료사는 다음의 주제에 대해 집단 구성원과 토론해야 한다. 먼저, 선호하는 활동을 다른 사람들과 함께 하는 것에 대해서, 이 방법이 어떻게 또래들과 상호작용을 시작하는 손쉬운 방법인지에 대해서 토론한다. 치료사 및 집단 진행자는 집단 구성원의 조절장애 수준을 염두에 두고, 참여하는 것이 불편할 수 있는 구성원에게 민감해야 한다. 일부 참가자는 짧은 간격으로 참여하거나 집단 참여 기술에 대해 점진적으로 작업하길 바랄 수도 있다. 치료사는 집단 구성원에게 집단에서 공유된 다른 활동 중에서 자신도 즐길 수 있는 것이 있는지 물어봐야 한다. 집단 구성원은 집단 모임 이외에도 관계를 형성하고 서로 활동에 참여하도록 권장된다.

제6장
파괴적 행동장애
놀이치료 개입

아동의 놀이에 들어가야지만

당신은 그들의 생각, 마음, 영혼을 만날 수 있는 곳을 발견하게 될 것이다.

—Virginia Axlin

　아동기 파괴적 행동장애는 아동기에 가장 흔한 정신건강장애 진단 중 하나로서, 적대적 반항장애(Oppositional Defiant Disorder: ODD)와 품행장애(Conduct Disorder: CD)로 구성되어 있다. 많은 임상가가 파괴적 행동장애(Disruptive Behavior Disorder: DBD)를 일종의 스펙트럼으로 보고 있으며, 한쪽 끝에는 ODD가 있고 다른 쪽 끝에는 더 심각한 형태의 DBD인 품행장애가 있어서 연속체로 이어진다고 보고 있다. 최신 버전인 DSM-5가 나오기 전까지는 주의력결핍과잉행동장애(ADHD)도 이 범주에 포함되었다. ODD 또는 CD 진단을 받은 아동·청소년의 최대 50%가 ADHD를 동반 장애로 진단받는다(Gathright & Tyler, 2014). 이렇게 다양한 DBD는 여러 환경에서 아동에게 큰 영향을 미친다. 즉, 그들의 행동 증상은 가정, 학교 및 지역 사회의 일상생활뿐 아니라 사회적으로도 큰 영향을 미친다. 다음과 같은 아동의 파괴적인 행동은 전체 가족 체계에 영향을 미친다.

- 규칙을 무시함
- 다른 사람을 '괴롭힘'
- 심하게 화를 내고 분노 폭발함
- '안 돼'를 받아들이지 않음

    DBD 진단 내에 포함된 증상은 크게 세 가지 범주, 즉 분노/짜증나는 기분, 논쟁적·반항적 행동, 악의적인 복수심으로 분류된다. 이러한 행동 증상의 속성을 아는 것은 임상가가 아동의 어려움을 이해하고 올바른 진단을 내리는 데 도움을 준다.

적대적 반항장애

    윌리엄 크로넨버거와 로버트 메이어는 적대적 반항장애(ODD)를 "권위자에게 부정적이며, 순종하지 않고, 적대적인 행동을 반복적으로 보이는 것"으로 정의한다(Kronenberger & Meyer, 2001, p. 83). ODD 진단 기준에 부합하는 아동은 종종 부모, 교사 및 또래에게 매우 도전적인 행동 특성을 보일 수 있다. 여기에는 다음과 같은 행동이 포함된다.

- 권위자와 말다툼하기
- 규칙 준수 및 요구에 대한 거절
- 쉽게 이성을 잃음
- 짜증을 자주 냄
- 책임을 받아들이지 않고 타인 비난하기
- 복수심에 찬 행동
- 또래와 성인을 성가시게 하고 도발적으로 행동함
- 자주 화를 내고 억울해하는 것처럼 보임

    최종적으로 ODD 진단을 받은 많은 아동은 초기 발달력에서 위험 신호를 보였을 뿐만 아니라 정신 질환의 가족력을 가지고 있다. ODD 가족 패턴에 대한 연구에 따르면, 적어도 한 명의 부모가 우울증, ODD, 품행장애, ADHD, 반사회성인격

장애(AntiSocial Personality Dissorder: ASPD) 또는 약물 남용의 이력이 있다는 공통점이
있다(Gathright & Tyler, 2014). 심각한 결혼 불화가 있는 가정에서 ODD가 발생하는
것도 매우 흔하다(Gathright & Tyler, 2014).

환경 위험 요인	• 부모의 거부 또는 방치 • 가혹한 훈육 • 일관성 없는 양육 또는 양육자가 여럿인 경우 • 감독의 부족 • 대가족 • 한부모 • 결혼 불화 • 신체적·성적·정서적 학대
일반 위험 요인	**부모/가족력** • 알코올 의존 • 반사회적 인격장애(ASPD) • ADHD • 품행장애 • 조현병 • 파괴적 행동장애(DBD) 형제 • 임신 중 모성 흡연 • 빈곤 • 학대 및 방치 • 부의 범죄와 정신병리 • 부모/양육자의 약물 및 알코올 사용 • 폭력 노출

　가족 역동에 대한 이해는 아동을 평가하고 치료하는 데 매우 중요하다. ODD
진단을 충족하는 아동이 보이는 행동 역동은 출산 전 약물 사용 및 폭력에 대한 노
출에서 비롯되기도 하지만, 대부분 초기 혼란스러운 관계나 부정적인 양육 실제로
부터 비롯된다. 이 아동 중 다수가 일차 양육자와의 애착이 단절되었거나 애착의
문제를 경험했기에, 치료사가 행동 증상을 치료하는 것도 중요하지만 관계 역동을
전체적으로 다루고 부모-자녀 관계의 회복과 치유를 일차적인 치료 목표로 보는

것도 중요하다. 보다 적응적인 양육 전략을 위해 부모와 협력하는 것도 매우 중요하다. 애착 요소를 해결하지 않는다면 치료가 종결되어도 지속적인 변화를 이루기 힘들 것이다.

품행장애

CD는 파괴적 행동장애 스펙트럼에서 더욱 심각한 진단이다. CD에는 청소년기 발병형과 아동기 발병형이 있다. 크로넨버거와 메이어는 품행장애를 "다른 사람의 기본 권리나 연령에 적합한 사회적 규범 또는 규칙을 위반하는 반복적이고 지속적인 행동 패턴"이라고 설명한다(Kronenberger & Meyer, 2001). CD를 진단할 때, 증상이 10세 이전에 시작했는지 아니면 10세 이후에 시작되었는지 확인하는 것이 중요하다. 아동기 발병형 CD를 진단하려면, 적어도 하나 이상의 품행 문제가 10세 이전에 시작되어야 한다. 이 유형의 문제 행동은 일반적으로 더 오래 지속된다. 필자는 한 십 대 내담자 "어떤 관심이라도 무관심보다는 낫다."고 말했던 것을 분명히 기억한다.

CD 증상	• 괴롭히기 • 타인 협박하기 • (신체적) 싸움 • 무기의 사용 • 절도(피해자와의 대결 유무) • 동물과 사람에 대한 잔인한 행동 • 성적 강요 • 거짓말 • 화재 • 가출하기 • 집이나 자동차 파괴하기 • 무단결석

많은 부모는 보상 기반 양육 모델(이러한 상황에서 일반적으로 시행되던 처벌적 양육 모델 대신에)의 중요성에 대한 심리교육을 받을 필요가 있다. 보상 기반 양육은 부모가 자녀의 긍정적인 행동에 주의를 기울임으로써 자녀가 '착한' 측면을 '발견하

고', 그에 따라 자녀에게 승인과 긍정적인 관심을 주는 것을 의미한다. 이는 아동의 방어를 감소시키고, 건강에 해로운 행동을 좀 더 빨리 인식할 수 있도록 하며, 자발적으로 변화할 수 있도록 한다. 랜드레스는 "아동은 변해야 한다는 당위성이 사라졌다고 느낄 때 변할 것이다(개인적 의사소통)."라고 말했다. 즉, 아동은 자신이 어떠한 모습으로 있든지 자신이 있는 그대로 수용된다고 느끼면, 변화의 여지가 생기고, 진정한 치료적 진보가 나타날 것이다.

놀이치료와 파괴적 행동장애

놀이치료는 파괴적 행동장애를 치료하는 효과적인 치료 방식이다. 왜냐하면 놀이치료는 아동중심적으로 접근하기에 아동이 놀이치료 회기의 '보스' 또는 지시자가 될 수 있기 때문이다. 우리가 치료 과정에서 아동에게 건강한 세력감(a sense of power)을 부여해 줄 때, 아동의 부적응 행동은 감소할 것이다. 아동이 보이는 부정적인 행동은 대부분 통제감을 느끼기 위한 수단이며, 특별히 환경이 완전히 아동의 통제 밖에 있을 때 더욱 그러하다. 스콧 리비에르는 DBD로 진단받은 아동이 무능력에 대한 두려움과 더 나아가 거부에 대한 두려움을 느끼는데, 전문가들은 아동의 이러한 정서를 상쇄하기 위하여 더 많은 승인과 무조건적으로 긍정적인 관심을 제공할 필요가 있다고 강조하였다. 많은 파괴적 행동장애 아동이 성인의 거부를 두려워한다(심지어 그렇게 될 것을 예측하기도 한다). 그래서 그들은 매우 심한 행동을 하여 궁극적으로 자기충족적 예언(self-fulfilling prophecy)을 성취하는 상황을 만들려고 할 수 있는데, 이는 자신이 사랑스럽지 않고 환영받지 못한다는 자신의 믿음을 강화하는 역할을 한다.

전문가는 치료의 필수적인 부분으로서 부모-자녀 관계를 치유하고 회복하는 것의 중요성을 간과해서는 안 된다. 건강한 사회적·정서적 대처 기술을 가르치는 것도 중요하지만, 가정의 관계 역동이 해결되지 않으면 지속적인 변화를 이루는 것이 거의 불가능하다. 부모가 발전하는 만큼 자녀도 발전할 것이며, 자녀만 다루어서는 가족 체계를 지속적으로 변경시킬 수 없다는 것을 기억해야 한다.

이 장에서 다룰 개입들은 개인·가족·집단 놀이치료 회기에서 활용할 수 있으며, 내담자의 다양한 연령과 발달 단계에 맞게 일부 수정하여 사용할 수 있다.

폭발!

내면에서 엄청나게 큰 감정이 느껴지면, 많은 아동은 종종 다른 사람을 향해 공격적으로 행동하거나 욕을 하는데, 그 이유는 이들에게 감정을 언어화할 수 있는 능력이 부족하고 때로는 건강한 대처 전략이 부족하기 때문이다. '폭발!'은 예술 기반 놀이치료 활동으로, 행동적으로 또는 정서적으로 '폭발'하기 이전에 아동이 느껴지는 감정(그리고 감정이 느껴지는 곳)을 시각적으로 표현할 수 있도록 도와준다.

이 개입은 '내 안의 화산폭발'과 매우 유사하다. 아동에게 신체 증상에 대한 자각을 가르치는 데 사용되며, 아동이 감정적 혹은 행동적으로 폭발하기 이전에 자신의 신체 감각(예: 빠른 심장 박동, 이를 악물거나 주먹을 꽉 쥐기, 빠른 호흡 등)을 경험할 수 있도록 한다. 아동은 신체적 불편감에 수반되는 감정을 확인할 수 있으며, '폭발하기' 이전에 몸을 진정시키는 방법을 배울 수 있다.

준비물
매직, 크레용, 물감, 연필
흰 종이
풀

진행 방법
1. 화나고 걱정스러운 감정이 내면에서 어떻게 누적되 있는지 형상화하기 위하여 음료 캔을 흔들어 그 속의 거품이 일어나는 것과 유사하다는 것을 탐색한다. 너무 많은 압력이 가해지면 결국 탄산음료는 폭발하여 사방에 끈적끈적한 탄산음료가 뿌려질 것이다. 우리 내면에 큰 감정이 꽉 차 오르면, 우리도 흔들린 탄산음료 캔과 같은 상태가 된다. 결국, 우리는 '폭발'하여 종종 사랑하는 사람들과 사물들에 '끈적끈적한' 감정적인 혼란을 남길 것이다.

2. 큰 종이에 탄산음료 캔을 그린다. 아동에게 '캔을 흔드는' 특정 상황과 감정(예: 좌절감, 괴로움)을 확인하면서 탄산음료 캔 그림에 그려 보라고 지시한다. 또한 자신의 다양한 경험을 표현하기 위해 잡지에서 사진을 잘라 내고, 그것을 탄산음료 캔

위에 붙일 수도 있다.

3. 어떠한 느낌과 감정이 캔을 '흔드는지', 자신이 탄산음료 캔이라면 어떻게 느낄 것 같은지를 탐색한다. 캔을 흔들면 그 안의 탄산음료로 인해 어떻게 상당한 압력이 가해지는지를 아동에게 가르칠 수도 있다. 탄산음료 캔 그림에 아동은 자신이 경험하는 다양한 감정과 느낌을 기록하여, 그림에서 색과 느낌의 연관성을 인식할 수 있다.

4. 폭발하지 않고도 탄산음료 캔 내부의 압력을 완화할 수 있는 세 가지 방법을 생각해 본다. 예를 들어, "내면에서 화가 날 때 엄마와 이야기할 수 있다." 또는 "심호흡을 크게 하고 걱정을 날려 버릴 수 있다." 등이 있다. 이러한 내용을 탄산음료 캔 옆에 적는다.

기분 괴물

아동은 종종 자신의 세계에 대해 큰 걱정과 근심을 한다. 생활연령 및 정서연령에 따라 아동은 자신이 느끼는 것을 표현할 수 있는 언어가 결여되어 있을 수 있다. 이런 경우 아동은 자신의 걱정을 부정적인 행동이나 바람직하지 않은 행동(예: 울기, 칭얼거리기, 공격성, 분노, 수줍음, 학교 거부, 분리 불안, 공황 발작 등)으로 표현할 수 있다.

이 활동의 목표는, 첫째, 자신의 감정을 표현할 수 있는 시각적이면서 만질 수 있는 대상을 만드는 것이고, 둘째, 자신의 걱정, 분노 감정에 '먹이를 주는' 것이 무엇인지 확인하기 시작하는 것이다. 이 개입은 가족치료에서도 매우 유용하다. 왜냐하면 이 개입은 바람직하지 않은 감정까지도 정상화하는 데 도움을 주며, 내담 아동이 가족 문제의 희생양이 되는 것을 감소시키는 데 도움을 주기 때문이다. 가족의 각 구성원은 가족치료에서 일주일 내내 자신의 개별 감정을 확인하는 작업을 하게 되므로 아동의 격한 행동에 초점을 맞추지 않을 수 있다.

준비물

빈 티슈 상자

물감, 스티커, 파이프 클리너, 깃털 등

지울 수 있는 물감

풀

가위

눈알 스티커

스프레이 페인트

계란 상자(빈 통)

감정 차트

도화지

진행 방법

1. 놀이치료 회기 전에 티슈 상자 전체에 스프레이 페인트를 뿌려 상표와 디자인을 가리는 것이 좋다. 아동은 상자의 색상을 선택할 수 있다. 회기 중에 티슈 상자를 색칠할 수도 있다. 빈 티슈 상자가 괴물의 본체가 된다.

2. 내담자와 가족을 초대하여 그들이 선택한 미술 도구들을 사용하여 빈 상자를 장식하여 기분 괴물을 만들게 한다. 괴물 상자는 아동 또는 가족이 집중하기로 한 어떠한 감정이든 될 수 있다. 눈알 스티커, 파이프 클리너, 깃털, 스티커 등과 같은 미술 도구를 사용할 수 있다. 아동이 도움을 필요로 하는 기분을 선택할 수 있으며, 치료사가 어떤 기분이 괴물이 될 것인지를 지시할 수도 있다(현재 문제에 따라).

3. 티슈 상자 입구가 기분 괴물의 입이 된다. 도화지로 '이빨'을 만들어 상자 입구 안쪽에 붙인다.

4. 회기가 끝날 때 아동과 부모에게 괴물 상자를 집으로 가져가도록 한다. 일주일 내내 가족 구성원 각자는 자신이 느끼는 감정을 그림으로 그리거나, 나이가 더 많다면 그렇게 감정적으로 가득 차게 만든 원인이 무엇인지 글로 쓰게 한다. 예를 들어, 화난 괴물이라면 아동은 "안 돼."라는 말을 들었을 때 화난 감정 그림을 그릴

수 있다.

5. 다음 몇 회기 동안 부모와 아동에게 감정 괴물을 치료실에 가져오도록 지시한다. 회기 중에 괴물의 내용물을 비우고 일주일 내내 괴물이 어떤 먹이를 먹었는지를 함께 탐색한다.

6. 부모가 함께 참여한다면, 아동의 엄청난 감정을 언어화하고 대처 기술을 함께 연습하면서, 건강하고 긍정적인 방법을 다양하게 배울 수 있다.

과녁 맞히기

과녁 맞히기(Bullseye)는 재미있고 에너지 넘치는 놀이치료 기법으로서, 다양한 기분과 감정을 알아맞히는 능력을 키우고 감성 지능을 가르치기 위해 개발되었다. 아동은 이 기법을 통해 춤을 추듯 움직이는 놀이치료를 경험할 수 있다. 아동은 매우 큰 움직임 놀이, 조용히 진정시키는 과정, 그다음 또 다시 큰 움직임 놀이로 돌아간다. 내담자는 에너지와 움직임의 대폭발을 이용할 수 있으며, 그런 다음 몸을 진정시키고 다양한 질문을 처리하는 방법을 배울 수 있다. 아동이 질문에 답하고 나면 다시 큰 움직임 놀이로 돌아갈 수 있다. 이것은 아동에게 기분과 감정을 자각하도록 가르칠 수 있을 뿐 아니라, 주의가 분산되고 조절의 어려움 속에서도 몸과 뇌를 집중시키고 진정하는 방법을 가르칠 수 있다.

이 개입의 목표는 다음과 같은 측면에서 아동을 돕는 것이다. 첫째, 서로 다른 감정의 의미를 이해하기, 둘째, 서로 다른 감정을 신체 내에서 어떻게 느끼는지 확인하기, 셋째, 각각의 서로 다른 감정이 느껴지는 시점을 확인하기이다.

준비물
감정 차트(필자는 만화 캐릭터가 그려져 있고 투명 필름 처리가 되어 있는 포스터 크기의 큰 그림을 사용한다.)
너프건(Nerf gun)
흡착식 다트

진행 방법
1. 이 '게임'의 목표는 감정 차트의 서로 다른 얼굴을 조준하고 쏘는 것임을 아동에게 알려 준다. 아동은 여러 얼굴 중 하나 위에 놓여 있는 '불스아이(과녁의 명중, 흑점)'에 쏜다면 1점을 얻는다.

2. 아동이 '불스아이'에 쏘았다면, 총 쏘기는 잠시 중단된다. 아동에게 다음의 세 가지 질문을 한다.

- 이 단어가 무슨 뜻인지 아나요?(그리고 감정의 정의를 설명한다.)
- 몸 안에서 이런 기분을 느끼는 곳은 어디인가요?
- 이 기분을 마지막으로 느꼈던 때는 언제인가요?

3. '큰 움직임' 놀이가 다시 시작되고, 아동이 또 다른 불스아이에 명중할 때까지 지속된다.

4. 아동이 감정 차트의 서로 다른 모든 감정에 명중할 때까지 이 놀이는 계속된다.

5. 아동에게 감정 차트 복사본을 주어 집으로 가져가게 한다.

모자이크 감정 그릇

끈적끈적하고 지저분하지만 아주 멋진 놀이치료 개입을 할 준비를 하라! 이 창의적인 예술 기반 개입은 아동·청소년으로 하여금 언어적·비언어적으로 표현된 기분과 감정에 대한 이해를 증진시키는 데 도움을 준다. 또한 이 활동은 좌절 인내에 대한 대처 기술을 향상시키는 데도 도움을 주는데, 그 이유는 창의적인 예술 활동이 점점 더 어려워지면서 내담자의 문제 해결 기술을 더 요구하기 때문이다.

준비물

라텍스 풍선

흰색 풀

가위

접착제를 펴 바르기 위한 페인트 브러시 또는 스펀지

티슈(크리넥스) 또는 화장지

도화지(여섯 가지 이상 서로 다른 색상으로 구비)

마드파지(Mod Podge)(선택 사항)

풍선을 담을 용기 또는 양동이

손을 씻기 위한 물티슈, 종이 타월

카펫을 보호하기 위해 방수포 또는 비닐시트(선택 사항)

진행 방법

1회기

1. 내담자에게 풍선 하나를 집어 불게 한 다음 끝을 묶으라고 한다. 풍선(둥근 표면이 위로 향하도록)을 양동이나 용기의 입구 안에 놓아야 작업하기가 더 수월하다.

2. 내담자에게 자신이 느끼는 감정과 일치하는 색을 고르도록 지시한다. 내담자가 감정을 확인하는 데 어려움이 있을 수 있으므로 다양한 색상의 도화지와 감정 시트를 제공하는 것이 좋다(내담자에게 긍정적인 감정뿐만 아니라 어렵고 고통스러운 감정도 선택하라고 말한다). 최소 여섯 가지 색상/감정을 고르게 한다. 내담자가 색상에 해당하는 감정을 다 정하고 나면, 어떤 것이 내담자의 가장 큰 어려움인지 질문하여 세 가지 색상/감정을 선택하게 한다. 그 감정은 내면 깊숙이 억압되어 있을 수도 있고, 다른 사람들에게 보이지 않을 수도 있다.

3. 내담자에게 처음 세 가지 감정/도화지를 작은 조각으로 자르게 한다(어떤 모양이든 가능하다). 내담자가 종이를 자르면서 피곤해하거나 지루해할 수 있으므로 도와줄 준비를 한다. 풍선의 둥근 표면을 고르게 풀칠을 한 다음, 처음 세 가지 색상/감정 도화지 조각을 모두 붙인다. 종이 조각을 다 붙였는지 확인하고 필요하다면 풀칠을 더 한다.

4. 처음 세 가지 색상 위에 티슈 또는 화장지를 붙여서 층을 만든다. 이때 티슈를 다 붙일 수 있을 만큼 풀칠을 한다.

5. 나머지 세 가지 감정/색상을 작은 조각으로 자르고, 필요한 만큼 티슈 위에 풀칠을 고르게 하고, 나머지 세 가지 색상의 도화지를 추가해서 붙여서 바깥층을 만든다.

6. 모든 모자이크 종이 조각을 풍선에 다 붙이고 나면, 풀칠을 한 번 더 하거나 모드파지를 사용하여 마감한다. 첫 번째 감정 단계에서 남은 색상 조각을 추가하길 원한다면 그렇게 하도록 한다. 다음 회기까지 풍선을 말린다.

2회기

1. 풍선이 다 건조되었을 것이다. 내담자에게 풍선을 터뜨리도록 지시한다. 내담자가 풍선 터지는 소리를 불편해하는 경우, 회기 전에 이 작업을 할 수 있다. 터지고 나면, 모자이크 종이가 감정 그릇에 남겨질 것이다.

2. 그릇 안에서 풍선을 제거한다. 일반적으로 아동·청소년은 그릇에서 만들어진 제작물을 보고 기뻐한다!

3. 내담자를 초대하여 지금 '담겨 있는' 감정에 대해서 더 자세히 탐색한다. 내면 깊숙이 간직하고 있는 감정과 외부로 표현할 수 있는 감정으로 내담자의 주의를 끌수 있다. 내면의 감정 중 일부가 그릇 외부로 표출되기도 하는데, 이때 다음과 같은 질문을 할 수 있다.

- 이러한 내면의 감정들이 언제 밖으로 나올까요?
- 이러한 감정을 어떻게 인지하고 어떻게 처리하나요?
- 이러한 다양한 감정을 느낄 때 어떤 대처 기술을 사용할 수 있나요?

4. 그런 다음 그릇을 집으로 가져가서 내담자가 자신을 진정시킬 수 있는 물품(self-soothing item)을 보관하는 데 사용할 수 있다. 여기에 해당하는 물품에는 플레이 도우, 비눗방울, 피젯, 껌, 매끄러운 돌 등이 있다.

제7장
우울증
놀이치료 개입

> 놀이는 아동의 일이므로, 보잘것없는 짓이 아니다.
>
> —Alfred Adler

　아동기 우울증은 잘 알려진 정신건강 문제로, 다양한 연령과 발달단계의 아동들에게 나타난다. 연구마다 통계 수치가 약간 다르기는 하지만, 초등학생의 경우 최대 3%, 청소년의 경우 8%가 우울증을 겪는 것으로 알려져 있다(Zhou et al., 2015). 저우 외의 보고에 따르면, 우울증 평균 지속 기간은 약 9개월이지만, 70%의 아동이 초기 발병 이후 5년 이내에 우울증의 재발을 경험한다(Zhou et al., 2015). 안타깝게도 많은 아동이 성인기까지 평생 동안 우울증을 겪는다. 세계보건기구(WHO)에 따르면, 우울증은 장애를 일으키는 주요 원인이자 세계 질병 부담(global burden of disease)[1] 4위에 해당할 정도로 질병으로 인한 부담이 높은 질환이다(Anderson,

---

1 역자 주: 세계 질병 부담은 질병이 걸렸을 때 드는 비용, 병 때문에 잃는 경제적 손실 등을 총합하여 다룬다.

Cesur, & Tekin, 2015). 이러한 조사 결과 및 신체적·정서적·정신적 건강에 미치는 장기적 결과를 고려할 때, 전문가들은 어린 내담자가 경험하고 있는 우울증 증상을 최소화하거나 간과하지 않고, 효과적으로 치료하는 것이 중요하다.

영아기부터 학령전기 아동에 이르는 어린 연령의 아동도 우울증을 겪을 수 있다. 연령에 따라 보이는 특징적인 우울장애 증상이 현재 잘 입증되어 보고되고 있다(Kronenberger & Meyer, 2001). 영아기 우울증은 일반적으로 활동이 거의 없고 애착 장애의 형태로 나타난다. 즉, 칭얼대기, 위축, 발육 부진 혹은 퇴행, 체중 감소, 멍한 얼굴 표정 또는 표정의 변화가 없는 것을 통해 알 수 있다(Kronenberger & Meyer, 2001). 걸음마기 우울증은 1~2세 아동에게 나타나며, 짜증을 잘 내고 발달 이정표의 지연(걷기, 서기, 말하기, 배변 훈련 등) 증상을 통해 알 수 있다. 또한 이 연령대에서는 악몽도 흔하게 나타난다. 우울증이 있는 걸음마기 유아는 자기 자극 행동(몸 흔들기, 자위행위, 머리 박기 등)을 보일 수도 있다(Kronenberger & Meyer, 2001). 또한 걸음마기 유아는 놀이의 감소를 보이면서 더 매달리고 두려워하며 불안해하는 모습을 보인다.

학령전기 아동(3~5세)의 경우, 우울증은 더 정서적이고 행동적으로 표현된다. 슬픔, 체중 감소, 운동 지연, 무기력, 자살 생각, 분노, 질병, 무관심과 같은 증상이 나타날 수 있다(Kronenberger & Meyer, 2001). 우울한 학령전기 아동은 무감각증뿐 아니라 수면, 식욕, 행동 및 활동 수준의 변화를 경험하며, 과도한 죄책감을 경험하기도 한다(Luby, 2010). 이들은 놀이에 참여할 가능성이 적으며, 슬픔, 무가치함, 두려움의 감정을 말로 표현할 가능성도 적다.

학령기 아동(6~12세)과 청소년기 우울증의 경우, 인지, 기분, 행동 및 신체 증상이 성인기와 유사하게 나타나기 시작한다. 학령기 아동과 십 대들은 사회적 기능의 손상을 경험할 뿐 아니라 자해 사고 및 자살 행동과 관련하여 높은 위험에 있다(Zhou et al., 2015). 이는 자기충족적인 예언이 될 수 있다. 즉, 아동은 자신이 무가치하거나 또래에게 호감을 주지 못한다고 믿으며, 이로 인해 위축되거나 예의에서 어긋난 태도로 다가갈 가능성이 높다. 결과적으로 아동은 고립과 거절을 경험하게 되고, 초기 무가치감과 낮은 자존감이 더 악화되는 우울증의 악순환이 계속될 수 있다.

우울한 십 대는 공존증상으로 다양한 정서 및 행동 문제를 보이는데, 높은 수준의 불안, 부주의/과잉 행동, 공격성, 약물 남용 및 PTSD를 경험하는 것으로 보고한다(Jaycox et al., 2009). 청소년 우울증은 학업 수행에도 부정적인 영향을 미친다. 예를 들어, 집중력, 사회적 관계, 읽기 및 쓰기에 있어서의 어려움뿐만 아니라 인지 왜곡(숙제와 학업이 너무 많고 어려워서 참여할 수 없다)을 보이기도 한다(Frojd et al., 2008). 연구에 따르면, 우울증을 겪는 청소년은 더 많이 행동화하는 경향이 있으며, 재산 파괴 및 기타 충동 범죄에 가담하는 경향이 더 크다(Anderson et al., 2015). 자살 위험 또한 우울증을 겪는 청소년에게서도 상당히 높아진다. 청소년 우울증은 자살 시도, 자살 완료와 같은 여러 가지 부정적인 건강 문제를 낳기도 하며, 임신 및 미혼모와 같은 부정적인 건강 결과를 낳기도 한다(Jaycox et al., 2015).

우울증 증상	• 집중하기 어려움 • 피로 및 에너지 감소 • 죄책감, 무가치감 또는 무기력감 • 절망감 또는 염세주의 • 울음 발작 • 사회적 고립 • 불면증, 일찍 깨어나거나 과도한 수면 • 과민성/분노 • 적대적 행동 • 안절부절못함	• 체중 증가 또는 체중 감소 • 즐겨 하던 활동 혹은 취미에 대한 흥미의 상실 • 과식 또는 식욕 상실 • 불안 또는 과도한 걱정 • 지속적인 통증(복통, 두통, 몸살 등) • 지속적 슬픔과 불안감 • 학업 감소 • 개인 위생 및 자조 행동의 감소 • 자살 사고 또는 자해 • 자살 시도

가족 위험 요인

영아기 또는 아동 초기에 발생하는 우울증은 환경적 원인뿐만 아니라 열악한 가족 관계 및 가족 기능과 관련 있는 경향이 있다. 부모의 정신건강 문제뿐 아니라 적절하지 못한 부모 돌봄, 방치, 학대 및 가족 갈등 등도 우울증의 발병에 중요한 기여를 하는 것으로 나타났다(Gledhill & Hodes, 2015). 영아기 우울증은 일반적으로 생후 첫 해에 정서적으로 박탈되고 주 애착 대상과의 만성적인 분리를 경험하는 아기에게서 발생한다(Kronenberger & Meyer, 2001). 이러한 분리는 병원에 입원하는 것과 같이 신체적인 분리일 수도 있고, 주 애착 대상의 정서적 가용성을 심각하게 경험하지 못하는 것과 같이 정서적인 분리일 수도 있다(Kronenberger & Meyer, 2001). 우울증을 겪는 부모는 우울증을 겪는 아동을 가질 가능성이 높으며, 특히 청소년 발병 우울증의 경우 강한 유전적 소인이 있다(Gledhill & Hodes, 2015; Kronenberger & Meyer, 2001).

노숙과 같은 환경적 영향도 아동기 우울증의 주요 위험 요소이다. 연구에 따르면, 길거리에서 노숙하는 아동은 우울증과 불안이 발생할 비율이 더 높다(Baggerly, 2004). 또한 부모의 약물 남용, 빈곤 및 반사회적 행동도 고위험 요인이다.

●--

사례 연구―다니엘

다니엘은 10세 남자 아동으로, 최근에 자해 사고를 하며 심지어 죽고 싶다는 내용을 일기에 작성하였는데, 이를 교사가 발견하여 부모에게 전달하면서 놀이치료에 의뢰되었다. 다니엘의 부모는 아이가 자살사고를 하고 있다는 사실에 충격을 받았다. 부모는 다니엘이 최근에 더욱 위축되고 '평소와 다르게' 보인다는 것을 인지하였지만, 이러한 변화에 대해 그렇게 심각하게 생각하지 못했다. 부모 보고에 따르면, 다니엘의 아버지는 최근에 실직하였고 건강보험으로 인해 스트레스를 많이 받고 있다. 다니엘의 어머니는 주요우울장애, PTSD, 범불안장애(GAD) 진단을 받고 약을 복용해 왔는데, 최근에 약이 다 떨어졌으나 추가로 지불할 형편이 못 되어서 약물 복용을 중단하였다.

초기 면접에서, 다니엘은 위축되고 냉담하며, 관계를 맺지 않고 거리를 두는 모습을 보였다. 그는 놀이치료실에 들어와서 고개를 숙이고 있었고, 질문에 대해 웅얼거리는 듯 대답하였으며, 놀이치료사와의 상호작용을 거부하였다. 나중에 그는 모래상자의 모래 만지는 것에 동의하였다. 그는 건성으로 모래 속으로 손가락을 뻗기 시작하면서, 긴장을 풀고 경계태세를 약간 내려놓았다. 그는 모래상자에 모래성을 만들기 시작했고, 자신이 만들고 있는 모양을 고정시키기 위하여 모래를 적셔도 되는지 물었다. 그는 자신이 놀이치료실의 보스이며, 모래로 자신이 하고 싶은 것을 할 수 있다고 들었다.

다니엘은 물 한 컵을 가져다가 모래 위에 부리기 시작했고, 원하는 점성이 될 때까지 계속 부렸다. 그는 모래성을 만들면서 모래상자 옆 선반에서 작은 아기 돼지 피겨를 집어 모래성에 묻었다. 그는 피겨들이 놓인 선반을 보기 시작했고, 마치 비명을 지르는 것처럼 보이는 한 여성을 발견했다. 그는 그 피겨를 모래에 놓고 또 성에 묻었다. 다음으로 다니엘은 커다란 황소 피겨를 집어 모래성 위에 올려놓았다. 그런 다음 그 피겨들 위에 물을 부어 모래와 황소가 서로 섞이도록 하였다. 놀이 내내, 다니엘은 한마디도 하지 않았다. 회기가 끝날 무렵 다니엘은 놀이치료사를 올려다보며 잠시 미소를 지으며 "이제 조금 나아졌어요."라고 말했다. 다니엘은 이후 몇 주 동안 매주 놀이치료에 참석했으며, 매번 모래상자와 피겨로 다가갔다.

시간이 지남에 따라, 정서 표현이 거의 없던 다니엘은 변화되어 건강하고 풍부하게 정서 표현을 할 수 있었다. 그는 목적을 가지고 놀이하듯이 놀이치료실로 들어갔다. 자신의 감정과 걱정을 말로 표현하기 시작했고, 다른 사람에게 도움을 요청하는 방법을 배우고, 건강한 대처 기술을 사용하기 시작했다. 부모는 치료 과정에 참여하면서 다니엘과 더 건강한 방식으로 상호작용하는 법을 배울 수 있었다. 그들은 다니엘의 '강렬한 감정'을 담을 수 있다는 확신을 주는 방법과, 그의 우울증이 그의 잘못이 아니며 가족의 재정적 어려움 때문도 아니라는 것을 표현하는 방법을 배웠다.

부모의 참여

아동기 우울증은 애착 외상의 가능성이 높기 때문에, 부모-자녀 관계가 치료의 중요한 측면이 된다. 특히 부모와 자녀 모두에게 건강한 대처 전략을 가르치는 것이 유익하다. 왜냐하면 (그렇게 할 수 있도록 관계에서 충분히 정서적 안전이 제공되는 경우에) 치료실 밖에서도 이 기술을 활용할 수 있기 때문이다. 부모가 높은 수준의 우울 증상을 보이면, 가족 놀이치료에 참여하기 전에 개별 치료를 의뢰해야 할 수도 있다. 연구에 따르면, 치료 과정에 부모를 포함시키면 가족 환경의 독성을 완화시킬 수 있고, 대처 전략을 발달시키며, 부모-자녀 관계를 개선시키는 데 도움이 될 수 있다(Diamond & Josephson, 2005). 가족이 갈등을 해결하고 서로에 대한 신뢰를 회복하는 방법을 배움으로써, 아동의 우울 증상을 감소시킬 수 있다(Diamond & Josephson, 2005). 또한 우울증 증상을 겪고 있는 부모에게 건강한 대처 기술을 배우도록 도움으로써 아동의 우울증을 완화할 수 있다.

놀이치료 및 우울증

놀이치료는 아동과 부모에게 안전하고 양육적인 환경을 제공함으로써 새로운 대처 기술을 배우고, 건강한 방식으로 감정을 전달하며, 관계를 개선시키도록 도울 수 있다. 연구에 따르면, 부모의 참여는 놀이치료의 결과를 극적으로 향상시키는 것으로 나타났다(Gil, 2015). 놀이치료에는 다양한 개입 방법이 있으며 광범위하게 적용할 수 있으므로 개별 가족의 필요에 맞추어 제공할 수 있다.

예를 들어, 어떤 가족은 서로의 감정을 확인하고 정서 지능을 향상시키는 법을 배우는 데 추가 지원을 필요로 할 수 있다. 그들은 정서 지능 기술을 배우고 자신의 강렬한 감정을 효과적으로 대처하는 법을 배워야 할 수도 있다. 인지행동치료(CBT) 접근 방식을 활용하면, 이러한 기술을 개발시키는 데 큰 도움을 줄 수 있다.

어떤 가족의 경우, 부모의 우울증이 아동의 우울증을 악화시킬 수 있으며, 그로 인해 아동은 부모에게 자신의 소리가 들리지 않고 보이지 않는다고 느낄 수 있으므로 아동중심 놀이치료 접근 방식을 통합하는 것이 매우 유익할 수 있다. 부모 놀이치료(filial play therapy)는 우울증을 포함한 다양한 심리적·사회적 문제를 치료하는 데 매우 성공적인 것으로 보고되었다(Gil, 2015).

행복한 생각 화분

행복한 생각 화분(Happy Thought Pot)은 놀이치료를 CBT 방식으로 접근하는 창의적인 예술 치료 기법이다. 아동이나 십 대가 우울 증상을 경험할 때, 종종 정서적 고통으로 인해 생각하는 것이 어렵고 상황이 개선될 것이라는 희망을 갖기 어렵다. 행복한 생각 화분은 아동이 '긍정적인 생각'에 대해 생각하도록 도와주고, 치료 회기 사이에도 희망의 작은 조각을 찾도록 도와준다. 아동은 매일 행복하거나 희망적인 생각을 한 가지 이상 작성하여 행복한 생각 화분에 넣는다. 그렇게 하면 그것은 꽃이 똑바로 설 수 있도록 하는 조절점(anchor point)이 될 것이고, 이 과정에서 아동은 부정적인 생각을 조절하는 것을 배우게 될 것이다. 이 기법은 개인·집단·가족 치료에 활용할 수 있으며, 치료 과정 중 어느 단계에서도 적절하게 사용할 수 있다.

준비물

화분(크기 제한 없음)

다양한 색상의 파이프 클리너

종이 및 필기도구
가위
매직 또는 물감, 붓
행복한 생각화 워크시트

진행 방법

1. 아동이나 가족원 각각에게 무늬가 없는 화분을 준다. 화분의 표면에 행복, 기쁨, 희망을 나타내는 장식을 하라고 지시한다. 매직이나 물감을 사용하여 화분을 장식할 수 있다.

2. 화분을 모두 장식하면, 아동에게 다양한 색상의 파이프 클리너를 제시하고 그 중에서 4~6개를 선택하게 한다.

3. 아동에게 꽃 머리가 될 파이프 클리너를 하나 선택하게 한다. 파이프 클리너를 손가락 주변으로 빙글빙글 돌려 감게 한다. 완성되면 스프링처럼 보일 것이다.

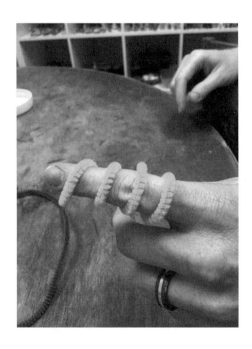

4. 아동에게 꽃의 줄기가 될 파이프 클리너를 또 하나 선택하게 한다. 파이프 클리너를 반으로 접은 다음, 한쪽을 또 다시 반으로 접는다. 끝을 꼬아 조인다.

5. 일직선으로 되어 있는 줄기의 끝으로 스프링 모양의 파이프 클리너를 중앙으로 통과시켜 밀어 넣는다(하단 좌측 그림). 일직선으로 된 줄기의 끝을 꼬아서 파이프 클리너를 고정시킨다. 이렇게 하면 '꽃' 모양이 될 것이다(하단 우측 그림).

6. 이와 같은 방식으로 2~3개의 꽃을 더 만든다.

7. 화분에 꽃을 넣는다. 지지해 주는 것이 없기에 당연히 꽃이 넘어질 것이다.

8. 그런 후 다음과 같이 말한다.

> 꽃이 잘 자라려면 영양분이 필요해요. 꽃은 비와 햇볕, 좋은 토양이 있어야 잘 자랄 수 있어요. 우리의 긍정적인 생각은 꽃과 같아요. 잘 자리기 위해서는 적절한 장소와 적절한 영양분을 제공해야 해요. 행복한 생각이나 긍정적인 생각을 성장시키려면 우리는 매일 이런 생각들을 기억하고, 적어 두고, 가족과 공유하고, 이에 대해 생각하는 연습을 하는 시간을 가져야 해요. 이렇게 할 때 우리의 긍정적이고 희망적인 생각은 마치 꽃 묘목이 햇빛과 물에 의해 자양분을 받을 때처럼 점점 더 강해질 거예요.

9. 아동에게 매일 하루에 하나씩 종이를 띠 모양으로 자르도록 한다. 아동은 매일 행복한 생각을 종이 띠에 작성한 다음, 접어서 화분에 넣는다. 한 주 내내 아동이 행복한 생각을 작성했다면, 꽃은 계속해서 '자랄' 것이고 마침내 똑바로 서게 될 것이다.

10. 아동은 매주 행복 생각 화분을 가져와서 주중에 어떠한 행복한 생각을 해서 꽃이 자라났는지를 탐색한다. 또한 작은 화분에 꽃이나 꽃씨를 심어서 아동에게 주어 집으로 가져가도록 하여, 꽃이 잘 자라는 데 영양분이 얼마나 중요한지 기억하도록 도울 수 있다. 마치 아동의 행복한 생각처럼!

행복한 생각 화분 워크시트

오늘의 행복한 생각은 _____

오늘의 행복한 생각은 _____

오늘의 행복한 생각은 _____

오늘의 행복한 생각은 _____

오늘의 행복한 생각은 _____

오늘의 행복한 생각은 _____

오늘의 행복한 생각은 _____

오늘의 행복한 생각은 _____

대처 기술 팔찌

대처 기술 팔찌(Coping on the Cuff)는 아동이 매일 착용할 팔찌를 만들어서 우울한 사고와 증상에 대처할 수 있도록 여러 대처 기술을 상기하게 돕는 기법이다. 팔찌의 각 구슬은 긍정적이고 건강한 방식으로 대처하는 데 도움이 되는 서로 다른 기술이나 전략을 상징한다. 이 기법은 소년과 소녀 모두에게 적합할 수 있다. 왜냐하면 아동은 자신의 스타일과 개성을 가장 잘 나타낼 수 있는 구슬 스타일을 선택하여 창의적으로 작업할 수 있기 때문이다. 재정적 여유가 된다면, 치료사는 부모와 자녀에게 구슬 가게에 가서 자녀의 마음에 드는 구슬을 선택하여 구입하도록 안내할 수 있다. 이것은 즐거운 외출의 기회이면서 부모와 자녀 사이의 긍정적인 상호작용의 기회가 되기도 한다. 이것이 가족에게 부담이 된다면 치료사는 아동이 회기 중에 선택할 수 있도록 다양한 색상과 모양의 구슬을 제공한다.

이 개입은 치료의 중반 또는 훈습 단계에서 가장 유용하다. 아동이 우울 증상 및 부정적인 사고를 관리하는 방법과 새로운 대처 전략을 배우기 시작한 이후에 적용하는 것이 좋다. 개인·집단·가족 치료에 적용할 수 있다.

준비물
다양한 구슬
팔찌용 우레탄 줄
가위

진행 방법
1. 아동에게 팔찌용 우레탄 줄을 제공한다. 아이의 손목을 두를 수 있는 줄의 길이를 측정하여 그에 맞추어 줄을 자른다. 끝에 매듭을 짓기 위해서는 줄이 약간 더 필요하므로 실제 필요한 것보다 약간 더 길게 하여 줄을 자른다.

2. 아동이 구슬을 살펴보면서 각 대처 기술을 상징하는 구슬을 하나씩 선택하도록 한다. 최근에 학습한 건강한 대처 기술 목록을 기억할 수 있도록 아동을 지도해야 할 수도 있다. 다음은 건강한 대처 기술의 몇 가지 예다.

- 안아달라고 요청하기
- 심호흡 5회 하기
- '행복한 생각' 기억하기
- 산책하기
- 기분을 좋게 하는 긍정적인 음악 듣기
- 일기 쓰기
- 친구에게 전화하기
- 다른 사람에게 봉사할 방법 찾기

3. 내담자가 구슬을 보고 대처 기술을 생각하는 동안 조용하고 차분한 음악을 들려주는 것도 도움이 될 수 있다. 트윈[2] 및 십 대의 경우, 회기 전에 기분을 좋게 하는 긍정적인 혹은 부드러운 노래 재생 목록을 준비하여 팔찌를 만드는 동안 함께 들을 수 있다.

4. 아동이 원하는 모양대로 팔찌 줄을 꿰도록 한다. 아동은 자신이 지정한 대처 구슬 사이사이에 작은 구슬을 집어넣어서 모양을 만들 수 있다. 아동은 치료사에게 줄의 한쪽 끝을 잡아 주는 것과 같이 과정에서 필요한 도움을 요청할 수 있다. 아동이 혼자서 하고자 한다면 그렇게 하도록 허용한다. 이는 도움을 요청하는 것뿐 아니라 자립과 회복력을 가르칠 수 있는 좋은 순간이 될 수 있다.

---

2 통상 8~14세의 연령층, 즉 아동 · 청소년 사이의 중간 세대를 말한다. '중간에, 사이에' 등을 의미하는 '비트윈(between)'에서 유래하였다.

5. 각 대처 구슬에 대해, 각 구슬이 어떻게 그 대처 기술을 상징하며, 그 의미가 무엇인지를 내담자와 함께 이야기한다. 다음과 같은 질문을 한다.

- 이 구슬은 왜 그 대처 기술을 의미하나요?
- 이 구슬을 볼 때 어떤 것이 눈에 띄며, 관련 대처 기술을 기억하는 데 어떠한 도움을 줄 수 있나요?
- 이 대처 기술을 활용하기 위해 어떻게 할 수 있나요? (아동이 대처 기술을 이해하고 숙달했다는 것을 보여 주기 위해 대처 기술 구현 방법의 예를 들어 보라고 한다.)

6. 팔찌가 완성되면 끝을 묶는다(나이 많은 내담자가 이것을 할 수 있다). 평매듭[3]이 일반적으로 가장 안전하고 쉬운 방법이다.

7. 아동은 팔찌를 집에 가져가서 매일 착용하여 건강한 대처 기술을 상기시키는 데 도움을 받을 수 있다.

---

3 역자 주: 평매듭은 두 줄의 끝을 겹치고 나서 한 줄을 다른 줄 주변으로 돌린 다음, 다시 끝 부분을 한데 모아 다른 줄 너머로 동일한 끝을 돌려 만드는 대칭적인 매듭이다.

거꾸로 하는 기분 제스처 놀이

거꾸로 하는 기분 제스처 놀이(Reverse Feelings Charades)는 원래의 제스처 (Charades) 게임을 거꾸로 하는 재미있고 역동적인 집단 활동이다! 집단 또는 가족 구성원은 이 개입을 함께 작업하면서 서로 다른 감정을 확인하고, 정서 지능을 강화할 수 있다. 즉, 참가자들은 놀이 과정에서 서로 다른 얼굴 표정을 인식하는 방법을 배우고, 신체에서 서로 다른 감정을 느끼는 지점을 탐색하고, 누군가 특정 감정을 경험하고 있는 때를 식별하는 방법을 탐색하며 공감 기술을 발달시킬 수 있다. 개입을 시작할 때 많이 웃을 준비를 해야 한다. 집단은 서로 다른 감정을 연기해야 하고, '술래'가 된 사람은 제한 시간 내에 그 기분을 말로 해야 한다!

준비물

인쇄 가능한 기분 카드(또는 잡지, 두꺼운 카드)

풀

타이머

진행 방법

1. 인쇄된 기분 카드를 잘라서 더미로 쌓아 놓는다.

2. 자신만의 카드를 만드는 경우, 잡지에서 서로 다른 표정을 잘라 내어 카드에 붙인다. 표현된 감정이 어떤 감정인지 확인하여 그림 아래에 적는다.

3. 한 사람을 '술래'로 정한다. 가장 나이 많은 사람부터 시작하여 가장 어린 사람 순서로 할 수도 있다.

4. 집단은 카드 더미에서 첫 번째 카드를 선택하고 술래가 된 사람에게 그 기분을 행동으로 표현한다. 술래는 그 기분 카드를 보면 안 된다.

5. 술래는 집단 앞에 서서 60초 내에 집단이 표현하는 감정이 어떤 감정인지를 알아맞힌다.

6. 대규모 집단과 함께 놀이하는 경우, 팀으로 나눌 수 있다. 표현된 감정을 맞힐 때마다 팀 점수가 부여된다.

행복한

슬픈

화가 난

걱정이 많은

신이 나는

편안한

실망한
불만스러운

우울한

자신있는

무서운

멍청한

깜짝 놀란

혼란스러운

당황한

너의 마음을 보여 줘 3D

'너의 마음을 보여 줘 3D(Show Me Your Heart 3D)'는 예술 치료 기법으로, 창의적인 방법으로 다양하게 활용될 수 있다. 필자는 가족·집단·개인 치료에서 '회기를 시작(check-in)'할 때 이 방법(당신이 어떤 기분인지, 당신 내면에 어떤 감정이 있는지)을 활용한다. 표현 예술 프로젝트를 하는 것은 강력한 경험이 될 수 있으며, 감정적으로 느껴지는 것을 언어화하기 힘들 때 당신의 감정에 언어를 제공할 수 있다. 이 기법은 다양한 버전이 있으며, 원 저자는 알려져 있지 않다.

준비물
흰 종이
크레용, 매직, 색연필
풀
가위
서로 다른 촉감을 느낄 수 있는 물체들(단추, 자연물, 깃털, 종이 스크랩 등)

진행 방법
1. 아동에게 종이 전체를 가득 채울 큰 하트를 그리게 한다(A4 크기).

2. 아동에게 미술용품을 이용하여 하트를 칠하게 한다. 아동은 원하는 만큼 여러 색상과 감정을 선택할 수 있다. 내담자에게 하트 전체를 색깔로 칠하도록 하는데, 이때 이것은 이동이 느낀 감정의 '양'을 나타낸다.

3. 그런 다음 하트 부분 부분에 다양한 촉각 물체(단추 또는 깃털)를 붙여 특정한 감정을 표현하도록 한다. 예를 들어, 불안한 감정을 표현하기 위해 초록색 단추를 붙일 수 있다.

4. 아동과 함께 '큰' 감정과 '작은' 감정을 탐색한다. 이러한 감정들이 신체 어디에서 느껴지는지, 감정의 이름을 명명하기 위해 어떤 단어를 사용할 수 있는지 탐색한다.

주의사항

집단 또는 가족 회기에서 이 개입을 사용하는 경우, 각 구성원은 자신의 하트를 집단 구성원에게 보여 주며 자신의 작품을 소개한다. 이는 아동의 감정을 확인할 수 있을 뿐만 아니라 집단에 대한 이해와 소속감을 느끼게 하는 것을 목표로 한다.

내가 보는 나

'내가 보는 나(The Me I See)'는 아동 내담자의 자화상을 그리거나 자기해석을 시각적으로 보여 주는 표현 예술 치료 기법이다. 자기(self)를 시각적으로 표현을 하는 것은 자신이 보는 자신의 특성을 알려 주는 투사가 될 수 있으며, 종종 자기탐색의 경험이 될 수도 있다. 또한 이 개입은 내담자가 임상 환경 내에서 발견할 자신의 특성을 공유하고 해석할 수 있는 기회를 제공한다. 이 과정에서 내담자는 자신을 창의적으로 설명할 수 있다. 이 기술의 두 번째 단계는 내담자의 자기에 대한 지각, 개인적인 관심사, 좋아하는 것 등을 본능적으로 확인하고 기술하는 것이다.

이 표현 예술 치료 기법은 치료 환경에서 다층적인 목적으로 사용하도록 설계되었다. 내담자는 치료 환경에서 창의적으로 자신을 표현할 수 있으므로 내담자와 임상자 간에 정보를 전달하는 대체 방법이 될 수도 있다. 또한 자기반성의 기회로 삼아서 내담자가 자신을 어떻게 보는지 탐구하고 성찰할 수 있도록 한다. 또한 내담자와 임상자 간에 공유할 수 있는 기회를 제공하여 신뢰를 구축하고 치료 관계를 발전시키며 라포를 형성하도록 도울 수 있다.

준비물
흰 종이
매직, 크레용, 색연필

진행 방법
1. 내담자에게 흰 종이와 창의적인 표현 도구(매직, 연필, 색연필, 크레용)를 제공한다.

2. 내담자에게 자화상을 그리도록 한다. 완벽하게 하지 않아도 됨을 강조하라! 내담자가 원한다면 추상적으로 그려도 되고 정밀하게 그려도 된다.

3. 자화상이 완성되면 내담자에게 그림에 대해 그리고 아동이 자신을 어떻게 보는지에 대해 조금 이야기해 달라고 부탁한다.

4. 그런 다음, 내담자에게 이 사람의 성격, 특징, 열정적으로 하는 것, 좋아하는 것, 선호 등에 대해 물어보고, 종이 위에 적게 한다. 이 과정 동안 내담자를 조용한 공간에 있게 할 수 있다. 회기 중에 생각할 수 있는 시간을 미리 정해 두는 것도 좋다.

5. 그림이 완성되면 작품을 전시하도록 한다.

6. 내담자가 작품을 전시할 장소를 찾도록 격려하되, 이때 전시 장소는 정기적으로
볼 수 있는 곳이 좋다.

제8장
강박장애
놀이치료 개입

> 어린아이들이 거대한 감정으로 인해 압도되어 있을 때,
> 우리가 할 일은 혼란에 전염되지 않고 평온함을 공유하는 것이다.
>
> – L. R. Knost

　미국 아동·청소년정신의학협회(American Academy of Child and Adolescent Psychiatry, 2013)에 따르면, 강박장애(Obsessive-Compulsive Disorder: OCD)는 아동 200명당 1명꼴로 발생한다. 최근 DSM-5는 OCD를 불안장애 범주에서 제거하고 그 자체의 이름을 딴 강박장애 범주를 새롭게 만들어 이 장애에 대한 이해를 확장시켰다. OCD는 강박사고와 강박행동을 특징으로 하는데, 이는 아동의 일상 기능에 심각한 장애를 초래한다. 대부분의 아동·청소년은 자신의 강박사고와 강박행동이 '정상'이 아니라는 것을 인식하고 있으며 그에 따른 높은 수치심을 경험하기에, 이러한 증상을 부모에게 숨기려 할 수 있다. 대부분의 경우 부모가 아동의 OCD 증상으로 인한 일상생활의 장애를 인식할 때쯤이면, 이러한 행동과 생각이 일정 기간 동안 지속되어 왔다는 것을 의미한다. OCD 증상은 개인에게만 영향을 미칠 뿐 아니라 가족 체계 전체에도 영향을 미친다.

134   제8장 강박장애 놀이치료 개입

강박사고	자신의 의지와는 무관하게 부적절한 생각, 이미지, 아이디어, 충동 등이 침투적이고 반복적으로 떠오르는 것으로, 이는 현저한 고통과 불안을 초래한다.
강박행동	강박사고나 이로 인한 불안, 괴로움을 예방하거나 감소시키기 위한 목적으로 수행되는 반복적인 행동을 말한다.

대부분의 아동기 OCD 사례에서도 강박사고와 강박행동을 모두 경험한다 (Rezvan et al., 2012). 강박사고는 일반적으로 원하지 않는 괴로운 생각으로, 침투적으로 떠오르고 통제할 수 없기에 당사자에게 죄책감을 유발하는 비상식적인 사고, 의심, 추궁, 정신적 이미지 등을 말한다(Abramowitz & Jacoby, 2014). 강박사고에는 전형적으로 오염에 대한 주제, 타인에게 해를 입히거나 타인에게 미치는 해를 막지 못한 것에 대한 책임감 주제, 성이나 폭력 같은 금지된 주제뿐 아니라 신성모독과 같은 종교적 주제 등이 있다. 또한 대칭성과 조직화의 필요성도 일반적으로 나타나는 강박사고의 주제이다.

OCD 증상	• 세균, 먼지, 질병에 대한 과도한 집착 • 가스불이 꺼져 있는지 또는 문이 잠겨 있는지와 같은 반복되는 의심의 표현 • 부모가 다치거나 아프게 되는 것에 대한 침습적 사고 • 대칭, 질서, 정확성에 대한 과도한 집착 • 죄, 회개, 자백과 같은 괴로움을 주는 종교적 사상이나 가르침에 대한 생각 • 매우 사소해 보이는 사실까지 알고 기억하려는 과도한 충동 • '완벽'해질 때까지 계속해서 지우는 것과 같이 세부 사항에 대한 비합리적인 관심 • 자동차 사고나 집에 강도가 드는 것과 같은 나쁜 일에 대한 과도한 걱정 • 집을 떠나는 것에 대한 두려움 • 공격적인 생각과 충동(십 대에 더 많이 나타날 수 있음)

강박사고는 일반적으로 다양한 형태의 저항사고(resistance thinking)를 수반하는

데, 이는 강박사고에 '대처'하거나, 중화하거나, 회피해야 한다는 감각이나 사고가 있음을 의미한다(Abramowitz & Jacoby, 2014). 강박행동이 이 범주에 속하는데, 강박사고를 예방하거나 제거하기 위해 사용된다. 강박행동은 일종의 의례 행위가 되어 부모와 아동의 시간을 상당히 많이 소모시키거나 압도할 수 있다. 이러한 의례 행위는 강박사고로 인한 불안과 긴장을 완화시키기 위한 것이지만, 그 반대로 작용할 수도 있으며 실제로 강박사고를 강화시킬 수도 있다. 즉, 강박행동을 통해 불안을 완화시킬수록 아동은 (순간적인 안도감을 경험하기는 하겠지만 그 이후에) 더 많은 불안감을 경험하기도 한다. 필자는 이 과정을 부모와 아동들에게 설명할 때, '모기에 물리는 비유'를 자주 사용한다. 대부분은 모기에 물린 것을 알아차리지 못하며 무의식적으로 팔이나 다리를 긁을 때까지 가렵다는 것을 잘 인지하지 못한다. 그러다가 모기에 물린 자국을 긁기 시작하면 일시적으로 시원한 것 같지만 그 이후로 더욱 가려워진다. 긁으면 긁을수록 더 가려워지고, 물린 부위를 긁으면 긴장과 불안이 일시적으로 완화되지만 가려움증이 증가한다. OCD 아동의 뇌 안에서도 동일한 일이 일어난다.

강박행동의 일반적인 예	• 하루에도 여러 번 과도하게 자주 손 씻기 • 소리, 단어, 숫자, 음악을 반복하기 • 가스불이 꺼져 있는지, 문이 잠겨 있는지 확인하는 것과 같은 반복적인 확인 및 재확인 행동 • 비합리적으로 여러 번에 걸쳐 안심을 구하는 것 • 방 안의 물품(장난감, 옷, 신발 등)을 특정 방식으로 배치하고 누군가 그 배치를 흩트리면 매우 화를 내는 것과 같이 스스로 정한 배치 규칙을 엄격하게 따르는 것 • 취침 의식이 너무 김 • 과도한 수 세기 및 다시 세기 • 독특한 방식으로 앉거나 걷기 • 물건의 순서 혹은 분류에 대한 과도한 집착, 예를 들어 빨간색은 모두 함께 있어야 한다고 여김 • 말을 되새기기 • 똑같은 질문을 반복적이고 과도하게 하고 똑같은 대답을 계속 요구함 • 글을 쓰거나 숙제를 할 때 과도한 지우기 • 자신 또는 다른 사람의 말을 반복하는 것 • 반복적으로 물건 만지기

강박행동이 명백하게 행동으로 드러나지 않는 경우도 흔하다. 예를 들어, 회피, 주의 흩트리기, 중립화 전략 등이 여기에 해당된다. 이 전략들은 보다 수동적인 형태의 강박행동으로, 의도하는 결과는 동일하다. 즉, 강박사고를 줄이거나 없애는 것이다. 예를 들어, 보행자를 차로 치는 것에 대한 강박사고를 지닌 운전자는 특정 위치에서만 운전대를 잡을 수 있다. 아동의 경우, 마법적 사고로 나타날 수 있다. 아동은 특정한 방식으로 생각하거나 행동하는 것이 강박사고나 그러한 일이 실현될지도 모른다는 두려움을 멈추게 할 수 있을 것이라고 믿는다.

최신 진단 기준에 따르면, 아동기 증상은 성인 OCD 증상과 크게 다르지 않다. DSM-5 진단 기준에 따르면, 강박사고나 강박행동이 나타나야 하는데, 이는 서로 독립적임을 의미 한다(Abramowitz & Jacoby, 2014). 그러나 연구자와 임상가는 강박사고와 강박행동은 일반적으로 주제적인 측면에서 서로 연결되어 있다고 생각한다. 즉, 강박사고 이면의 생각이나 두려움이 강박행동과 관련이 있음을 의미한다(Abramowitz & Jacoby, 2014). 예를 들어, 세균이나 오염에 대한 두려움에 대한 강박사고를 지닌 아동은 종종 과도한 손 씻기 또는 청소 의례행위를 나타낸다.

강박장애에 대한 가족의 영향

강박사고와 강박행동으로 인해 상당히 많은 시간을 소요하기에 일상생활에 상당한 지장을 초래한다. 또한 강박사고와 강박행동은 정상적인 일과, 학업 기능 및 사회적 관계를 손상시킬 수 있으므로 가족으로부터 원치 않는 부정적인 관심을 받을 수도 있다. 이것은 형제 관계 및 부모-자녀 관계에 상당한 영향을 미칠 수도 있다. 부모는 아동을 지속적으로 괴롭히는 행동이나 생각을 멈추게 할 수 없다는 것으로 인해 종종 무력감이나 좌절감을 느끼며 두려움을 느끼기도 한다. 부모는 자녀가 겪는 고통의 정도를 알아차리지 못하다가, 수도 요금이나 전기 요금과 같은 공과금의 증가, 변기 막힘, 청소용품 분실과 같은 것을 경험하고 나서야 인식하게 되거나, 취침 시간이 평소보다 훨씬 더 오래 걸린다는 것을 인식하고 나서야 자녀의 고통을 알아차리게 된다. 일부 아동의 경우, 너무 자주 입 주변을 핥거나 손을 씻어서 입술이나 손이 건조해지고 갈라지는 신체적 증상이 초기에 나타나기도 한다. 이러한 증상은 시기나 환경 요인에 의해 쉽게 간과될 수 있다.

가족 위험 요인

OCD로 고통받는 많은 아동과 성인은 우울증과 불안 증상을 겪을 확률 역시 높다. 상당히 많은 연구가 OCD를 유전과 연결시키는데, 이는 재발률이 높고 세대를 걸쳐 유전될 가능성이 높기 때문이다. 소아 OCD을 유발하거나 증가시키는 또 다른 위험 요인으로는 결혼 불화, 가족 혼란, 부모-자녀 융합(parent-child enmeshment), OCD 의례 행위에 대한 부모의 관여 등이 있다(Rezvan et al., 2012). 좋지 못한 부모-자녀 의사소통과 정서적 소외감도 중요한 위험 요소로, 이는 자녀에게 보여야 하는 따뜻함, 애정 및 지원 수준 등의 부모 돌봄이 열악함을 의미한다(Yarbro, Mahaffey, Abromowitz, & Kashdan, 2013). 권위주의적이고 방임하는 양육도 고위험 요소로 나타났다.

OCD에 대한 명확히 알려진 '원인'은 없지만, 연구에 따르면 출산 시 이상, 유전, 떼쓰기, 신경심리학적 상태, 부모의 정신건강, 가족 응집력 등이 장애의 발생에 영향을 미치는 것으로 밝혀졌다(Rezvan et al., 2012). 특히 여성의 경우, 부모-자녀의 애착이 OCD 발생에 주요한 역할을 한다는 연구가 증가하고 있다(Rezvan et al., 2012; Yarbro et al., 2013). 안전 애착된 아동은 불안전 애착 아동보다 불안 장애 및 증상을 경험할 가능성이 더 적다는 것이 밝혀졌다. 연구에 따르면, OCD 증상이 있는 아동의 경우, 삶의 여러 측면에서 지나치게 간섭하고 방해하는 부모가 매우 흔하다(Rezvan et al., 2012). 이는 양육(혹은 부모!)이 OCD의 근본 원인이라고 말하는 것이 아니다. 그러나 OCD 증상이 있는 아동을 진단하거나 치료할 때, 이 부분을 위험 요인으로 평가해야 함을 의미한다. 왜냐하면 OCD 증상은 신경심리학적 원인보다는 가족 문제로 인해 나타날 수도 있기 때문이다.

가족치료

여러 연구에 따르면, 인지행동 치료(CBT)는 초기에 OCD 의례 행위를 감소시키는 데 빠른 효과를 나타낸다. 그러나 아동들을 대상으로 한 연구에 따르면, 이러한 효과가 반드시 오래 지속되는 것을 의미하는 것은 아니다. 처방적(prescriptive) 접근 방식(예: 치료할 때 CBT 기술 외에도 애착 기반 개입을 통합하여 사용하는 것)을 활용하면, OCD를 안정화시키고 일상 기능에 미치는 영향을 감소시키는 효과를 오래 지속시킬 수 있다. 치료를 계획할 때 CBT에 효과적인 것으로 알려진 개입과 처방적 개입을 통합하는 것이 중요하다. 에이미 마이릭과 에릭 그린은 OCD 아동을 치료할 때 다섯 가지 중요한 단계를 다음과 같이 설명하였다(Myrick & Green, 2012).

- OCD의 외현화
- 증상 지도(sympton map) 만들기 및 증상 평가하기
- 대처 전략
- 노출 반응 방지
- 보상 및 목표 설정

시바 레즈반과 동료들은 그들의 연구에서 치료 과정에서 부모의 참여를 늘리고 아동에게 제공했던 여러 정서적 '도구'를 부모에게도 제공하면, 치료 서비스가 종료된 후에도 재발률을 감소시킬 수 있다는 것을 발견했다. 그들은 "부모와의 잘 조절된 애착 관계, 즉 부모와 좋은 의사소통 및 신뢰감과 친밀감을 촉진하면, 아동들의 정서적 회복력을 도울 수 있다."라고 하였다(Rezvan et al., 2012, p. 411). 부모-자녀간의 애착을 개선시키면, 아동은 더 잘 자기조절을 할 수 있게 되고, 도움 및 지원을 요청할 수 있게 되므로, 강박장애 증상을 완화시킬 수 있다.

사례 연구─사브리나

사브리나는 9세 아동으로, 의례 행위를 보일 뿐 아니라 그 행동을 그만하라는 말을 하면 극도의 화를 내는 것으로 인해 걱정을 한 부모에 의해 상담에 의뢰되었다. 사브리나의 부모 보고에 따르면, 그녀는 성장하면서 '특이한' 행동, 예를 들어 방을 특정 방식으로만 정리하거나 발목 주위가 꽉 조이는 양말을 신어야 하는 등의 방식으로 마치 그것을 해야만 '정답'이라고 느끼는 행동을 보였다. 시간이 흐를수록 이 행동에 대한 그녀의 정서적 반응은 더욱 강해졌기에, 부모는 이 '특이한' 행동에 대해 걱정하기 시작했다. 음식을 먹을 때면, 그녀는 손을 핥은 후 그 표면을 닦아 내는 '특

이한' 행동을 자신뿐 아니라 그 방에 있는 다른 사람에게도 하였다. 상상할 수 있듯이, 이 행동은 집과 직계 가족뿐 아니라 학교와 사회 활동에서도 나타났기에 환경 전반에 걸쳐 심각한 혼란을 초래했다.

사브리나는 이런 특이한 행동을 보일 뿐만 아니라, 어머니와의 관계에 대한 강한 강박사고를 가지고 있었다. 사브리나는 자신이 어머니에게 실망스러운 존재이며 어머니는 자신을 딸로 가지지 않기를 바랐다고 확신하고 있었다. 그렇지 않다고 여러 번 안심시키려 했지만 이러한 두려움과 생각을 감소시킬 수 없었으며, 함께 시간을 보낼 수도 없으며 어머니로부터 애정과 사랑을 받을 수도 없다고 생각하였다. 어머니는 그녀를 깊이 사랑하고 일상생활과 활동에 참여했으며, 그녀에게 매우 헌신적이었다. 부모-자녀의 강한 애착과 유대감이 있었지만, 사브리나의 생각은 이러한 관계의 현실(reality)에 기반을 두고 있지 않았다. 더 나아가 하나님이 그녀의 모든 생각을 알고 계시고, 그녀가 '나쁘기' 때문에 아무리 많은 회개를 하더라도 하나님이 그녀를 사랑하지 않을 것이라고 생각하였다. 사브리나는 밤에 30~45분간을 기도하며 자신의 '죄'에 대한 용서를 구하곤 했다. 만약 방해를 받거나 마음이 집중하지 못할 때면, 그녀는 이전 기도에서 했던 똑같은 말을 정확히 다시 반복하며 시작해야 했다.

부모-자녀 관계가 긍정적일 뿐 아니라 OCD 증상이 이들 관계의 긴장을 야기하고 있기에, 사브리나는 개인치료와 부모-자녀 치료 회기에 참여했다. 놀이치료에서 사브리나는 자신의 두려움과 OCD로 인한 수치심, 좌절감, 분노감을 탐색할 수 있었으며, 이 증상이 그녀의 학교, 친구, 일상기능에서 자신의 삶을 '강탈'하고 있다고 느꼈다. 부모는 OCD에 대한 자신들의 반응이 실제로는 OCD 주기를 어떻게 강화시키고 있는지를 알게 되었고, OCD 행동을 감소시키는 동시에 자녀와의 관계를 강화시키는 데 도움이 되는 기술을 배웠다. 사브리나 치료팀에는 소아과 의사가 포함되어 있었는데, 의사는 사브리나가 경험하고 있는 우울 및 불안 증상을 관리하는 데 도움이 되는 선택적 세로토닌 재흡수 억제제(Selective Serotonin Reuptake Inhibitors: SSRI) 약물을 저용량 처방하였다. OCD 사고와 자신의 '진짜' 생각을 구분하며 인식하는 기술을 배우면서, 사브리나는 OCD와 더 잘 싸울 수 있었고 긍정적인 통제력과 자존감을 회복할 수 있었다. 이것은 사브리나의 일상적인 기능과 자존감을 향상시켰으며, 환경 전반에 걸친 그녀의 관계에서 분명하게 드러났다.

놀이치료와 강박장애

연구에 따르면, 놀이치료는 OCD를 해결하는 데 유용한 치료 방식이다. 놀이치료는 아동에게 발달적으로 적절한 방식으로 수치심, 부정적인 자기 개념 및 치료 저항을 탐색할 수 있는 기회를 제공한다(Gold-Steinberg & Logan, 1999). 또한 놀이치료를 통해 치료사는 내담자의 두려움, 생각 및 감정을 정상화하도록 도울 수 있으며, 건강한 감정 표현을 장려할 수 있다. OCD 진단을 받은 많은 아동이 다른 사람들이 자신이 이상하거나 미쳤다고 생각하고 자신의 의례 행위를 알게 되면 친구가 되고 싶어 하지 않을 것이라는 심각한 걱정과 스트레스를 경험한다. 놀이치료는 아동의 걱정을 둘러싼 인지적 왜곡을 탐색할 뿐만 아니라 이러한 걱정이 현재 아동의 사고와 관계에 미치는 영향을 탐색할 수 있는 안전한 장소를 제공이며, 아동에게 자신의 정서를 조절할 수 있는 새롭고 건강한 방식을 제공한다. 또한 놀이치료는 아동이 필요로 하는 반응 예방(response-prevention) 기법에 대한 이론적 근거를 이해하는 데 도움을 줄 수 있으며, 이로 인해 발생할 수 있는 불안을 이해하는데도 도움을 줄 수 있다. 놀이 전 준비 시간을 주면 아동이 실제 개입에 따른 스트레스를 보다 효과적으로 처리할 수도 있다(Gold-Steinberg & Logan, 1999).

이는 필자가 임상 현장에서 만난 사브리나 및 많은 아동 사례에서도 나타났다. 사브리나는 손을 핥는 것(다른 사람을 핥는 것)을 감소시키기 위한 작업을 할 준비가 되었음에도, 처음에 "그렇게 하지 않으면 손에 불이 붙은 것처럼 느껴진다." "이렇게 하지 않으면 내 손에 불이 붙을 것이다."라고 보고하곤 했다. 놀이치료 과정에서, 사브리나는 이러한 신체적 감정이 느껴지면 초기에 호흡하는 것을 연습하였고, 손에 불이 붙지 않았다는 것(OCD 사고)을 지켜보는 연습을 하였고, 이로 인해 손을 핥고 닦으려는 충동을 통제할 수 있었고 그러한 감각이 지나가도록 할 수 있었다. 이 과정에서 사브리나는 충동 이면에 있는 두려움으로 인해 손에 있는 세균을 제거하려 했다는 것을 깨달으면서 통찰력을 갖게 되었다. 우선, 그녀는 방에 들어갈 때면 이전 방에서 '남아 있던' 세균을 핥거나 '청소'해야 했다. 그런 다음, 세균으로 뒤덮인 침을 닦아야 했다. 이렇게 하지 않으면 아플 수 있고, 어머니가 병에 걸려 병원에 가서 죽을 수도 있다. 그녀의 OCD는 어머니를 안전하게 지키는 유일한 방법은 그녀의 손을 핥고 닦는 것이라고 믿도록 사브리나를 속였다! 놀이치료에서 사브리나는 이러한 두려움을 놀이로 표현했을 뿐만 아니라 이를 극복할 수 있는 방법을 연습할 수 있었다.

다음에 제시한 다양한 놀이치료 기법은 부모 및 자녀와 함께 사용할 수 있도록 개발되었다. 당신의 작업 환경에 맞추어 적절하게 수정할 수 있지만, 놀이치료 과정에 처음부터 부모를 참여시키는 것이 매우 중요하다. OCD 의례 행위를 제거하거나 감소시키는 것과 동일하게, 그 이면의 애착 문제도 핵심적인 치료 주제이다.

OCD 끊어 내기

이 놀이는 심상 유도(guided imagery) 연습 게임으로, 아동의 '진짜(real)' 사고와 OCD 사고를 구분할 수 있도록 도와주기 위한 것이다. 많은 아동이 자신의 OCD 사고가 진짜인지 아니면 내적 현실에 기초한 것인지 이해하는 데 어려움을 겪으며, 특히 인지 발달이 아직 마법적 사고에 뿌리를 두고 있는 어린 아동의 경우에는 더욱 그러하다. 이 개입의 목표는 아동의 OCD 증상을 상징하는 별도의 물리적·시각적 '존재'를 만드는 것이다. 이 과정에서 OCD 사고를 외현화하여 처리할 수 있도록 도와줌으로 내담자가 OCD 사고와 정상적이고 건강한 사고를 구별하도록 돕고, OCD 증상과의 연합을 해체할 수 있도록 돕고자 한다. 아동은 OCD의 이름을 지은 다음에, 나중에 이것과 '대화' 하거나 도전하는 방법으로 사용한다. 일단 아동이 OCD를 인식하고 그것에 대해 이야기할 수 있게 되면, 아동은 자아의 서로 다른 부분과 이 장애를 통합하여 전체 자기(whole self)를 만들 수 있다.

준비물
검은색 종이
매직

진행 방법
1. 아동에게 가능한 한 편안한 마음을 갖도록 한다. 기분을 좋게 할 수 있다면 눈을 감거나 떠도 된다.

2. 아동에게 코로 깊이 들이마시고 입으로 숨을 내쉬면서 심호흡(길고 느린 호흡)을 시작하도록 한다. 다섯 번 심호흡을 한 후 심상 유도를 시작한다. 아동은 심상 유도를 하는 내내 구두로 대답할 수도 있고 침묵할 수도 있다. 치료사는 각 질문 사이에 5~10초 동안 일시 중지하여 아동이 OCD 캐릭터를 시각화하거나 만들 수 있는 시간을 준다.

3. 심상 유도 연습은 다음과 같다.

　"자신의 강박사고와 강박행동에 대해 생각하고 그 목소리에 귀를 기울이기를 바랍니다. 어떻게 들리나요? 남성 목소리인가요, 여성 목소리인가요? 속삭이나요, 소리를 지르나요, 아니면 정상적으로 말을 하나요? 목소리를 색으로 하면 무슨 색일까요? 목소리를 형태나 물건으로 표현할 수 있다면 어떻게 생겼을까요? 그 이름은 무엇인가요?

4. 아동에게 심상 유도에서 본 색상과 모양을 그림으로 그리도록 한다. 종이에 OCD의 이름을 적으라고 한다.

그만 괴롭혀!

이 기법은 개인치료와 가족치료 모두에 유용한다. '그만 괴롭혀(Quit Bugging Me)'에서, 아동은 강박사고가 만들어 낸 스트레스와 불안을 해소하기 위해 다양한 강박사고와 강박행동을 하게 된다는 것을 배운다. 강박사고와 강박행동에 대해 배움으로써, 아동은 자신이 어떤 강박사고와 강박행동에 관여하고 있는지 인식하기 시작하고, OCD 증상을 해결하기 위한 다양한 대처 전략을 배우기 시작한다. 치료 회기에 부모를 포함시키면, 애착과 안전을 증가시킬 수 있을 뿐만 아니라 부모와 자녀 모두에게 OCD의 특성에 대해 심리교육을 할 수 있다.

준비물

『Blink, Blink, Clop, Clop: An OCD Storybook』(Mortiz, 2011)

곤충 그림

일반 용지

매직

진행 방법

1. 『Blink, Blink, Clop, Clop: An OCD Storybook』을 읽는다. 이상적으로는 부모가 회기에 함께하면서 아동에게 이 책을 읽어 준다.

2. 책에서 동물이 보이는 OCD 행동과 사고를 확인하고, 아동들이 현재 경험하고 있는 OCD 사고 및 행동과 얼마나 유사한지 이야기한다.

3. 곤충 그림에 OCD가 어떻게 아동을 '괴롭히는지', 어떻게 그것을 없앨 수 있는지 작성한다.

4. 부모도 OCD를 없애기 위해 도와줄 수 있는 여러 방법을 작성한다(예: OCD의 질문에 대해 답하지 않거나 OCD가 아동을 속이지 못하게 한다).

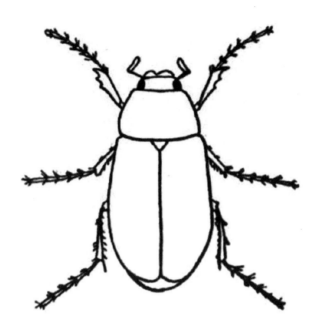

나의 OCD를 없앨 수 있는 방법들

_____

_____

_____

_____

_____

_____

_____

OCD 비가 내려요!

이것은 재미있고 즐겁게 OCD에 대해 작업할 수 있는 부모-자녀 놀이치료 기법이다. 부모와 자녀는 OCD를 '방어'하기 위해 함께 협력 작업하며, 이때 부모는 (OCD 작동자 대신에) 자녀의 보호자 역할을 한다. 이 기법은 부모가 자녀의 관점에서 OCD 사고와 감정의 크기를 이해하는 데 도움을 주며, 이를 통해 부모와 자녀 모두 서로에 대한 공감을 증진시키고 대처 전략을 세우는 데 도움을 준다. 이 활동은 자녀가 OCD에 대해 이야기하는 것을 연습할 수 있는 안전한 공간을 제공하고, 부모와 자녀가 함께 대항할 수 있기 때문에(서로 싸우는 것처럼 느끼는 대신에) 가족 관계를 강화시키는 데도 도움을 준다. 이것은 또한 부모가 OCD와의 싸움에서 더 많은 힘을 얻을 수 있도록 도울 수 있다.

준비물
폼폼이
단일 색상 우산
유성 매직
디즈니사의 애니메이션 <벅스 라이프(A Bug 's Life)> 영상

진행 방법
1. 디즈니사의 <벅스 라이프>에서 호퍼(Hopper)가 메뚜기들 위에 곡식에 떨어뜨려 묻히게 하는 장면을 시청한다. 각각의 폼폼이(예: 곡물 씨앗)가 OCD 사고 또는 행동과 어떻게 유사한지 토론한다. OCD가 얼마나 압도적이고 좌절감을 느끼게 할 수 있는지에 대해 탐색한다(예: 씨앗에 묻히게 됨).

2. 부모와 자녀에게 OCD를 방어하거나 대항하여 싸울 수 있는 방법을 우산 위에 쓰라고 지시한다. 예를 들어, "OCD에게 '멈춰!'라고 말할 수 있다!" 또는 "나는 OCD보다 더 세다."라고 작성한다.

3. 아동이 '비 내리듯이' 아래로 떨어지는 폼폼이에 의해 '깔려 묻히는' 것이 얼마나

쉽게 일어날 수 있는지를 보여 준다. 폼폼이를 모아 한 더미가 되도록 한다.

4. 부모에게 우산을 잡고 있도록 지시하거나, 종이우산을 사용한다면 부모와 자녀에게 쿠션(혹은 베개)을 우산에 붙여 폼폼이에 대한 보호 역할을 하게 한다. 부모는 또한 자녀를 도울 수 있는 방법(우산에 적힌 내용)에 대해 말하며 자녀를 '보호'할 수 있다. 치료사는 다시 아동에게 폼폼이 '비'를 내리게 할 것이다.

5. 아동은 우산을 집으로 가져가서 OCD에 대항하여 방어하고 반격할 수 있는 다양한 방법을 상기시키기 위한 상징물로 사용할 수 있다.

OCD에 맞서 싸우기

이 기법은 가족 기반 놀이치료 기법으로, 부모는 (OCD의 작동자 대신에) OCD에 대항하는 보호자로서의 역할을 한다. 부모는 종종 OCD 사고나 행동에 대한 자신의 반응이 어떻게 오히려 OCD 주기를 지속시키고 있는지 인지하지 못한다. 치료 과정 전반에 걸쳐서 부모는 OCD 지속에 기여하고 있는 자신의 역할을 파악하는 방법을 배우게 될 것이고, 그로 인해 자녀가 의례 행동에 참여하기 전에 부모는 OCD에 대해 설명하고 '잡을' 수 있는 능력을 가지게 될 것이다. 이 기법은 부모-자녀의 애착을 강화시켜줄 것이고, 자녀를 방해하는 OCD 행동을 관리하고 최소화하는 데 도움을 줄 것이다.

준비물
검과 방패 모양 그림
스티커(다양한 모양, 크기, 색상)
유성 매직
소프트 볼

진행 방법

1. 검 위에 "나는 OCD보다 더 세다." "나는 OCD에 대항하여 말대꾸할 수 있다."와 같이 자기확신적인 생각을 적도록 한다. 어린 아동이라면 성인이 아동을 대신해서 적어 줄 수 있지만, 이때 아동이 이러한 자기확신적 메시지를 생각해 내는 것이 중요하다.

2. 부모와 자녀에게 를 함께 장식하도록 지시한다. OCD와 싸울 수 있도록 도울 수 있는 모든 방법을 방패에 적으라고 부모와 자녀에게 방패를 말한다.

3. 공(OCD를 상징함)을 부모와 자녀를 향해 던진다. 한 팀으로서 부모와 자녀는 함께 공을 막으면서 OCD에 맞서 함께 '싸운다'.

제9장
자존감
놀이치료 개입

> 우리는 놀이할 때 더 생생해지고, 우리 자신이 되며, 깊이 몰두한다.
>
> —Charles schaefer

　　자존감은 자기 자신을 믿는 것일 수도 있고 자기가치감에 대해 믿는 능력이라고도 볼 수 있다. 자존감을 발달시키는 것이 아동발달의 중요한 측면이라는 점은 오랫동안 알려져 왔다. 건강한 아동발달 과정에서 자존감은 영아기에 사랑, 돌봄 및 양육을 받으면서 시작된다. 걸음마기의 자존감은 "와우! 네가 한 일을 보렴!" 혹은 "너 정말 다 컸구나! 이 모든 걸 너 혼자 해냈어!"와 같은 부모의 말을 통해 촉진된다. 아동은 일찍이 자신이 가치 있고, 중요하며, 자신의 요구가 사랑하는 사람에 의해 채워진다는 것을 배운다. 그들은 자기의 세계에서 일원이 되는 방법과 기술을 배울 수 있는 능력이 있다는 것을 알게 된다. 그들은 보다 쉽게 자기감, 즉 '나는 존재하며, 나는 중요하다.'라는 지식과 안정감을 발달시킬 수 있다.

　　아동이 계속 자라고 발달하면서, 또래 압력을 견디거나 실망이나 고통에 맞서면서 도전 과제를 보다 잘 해낼 수 있게 된다. 높은 자존감을 가지고 있다는 것은 인생 전반에 걸쳐 중요하지만, 아동기와 청소년기에 특히 그러하다. 자기의 뿌리가 내리고 적응 유연성이 강화되는 시기이기 때문이다. 건강한 자기감을 가진 아동은 초등학교와 중학교의 도전들을 잘 다뤄 갈 수 있고, 그것이 고등학교와 이후 성공에 토대가 된다. 많은 연구가 높은 자존감이 목표 성취, 자신과 타인에 대한 적절한 기대감 발달, 높은 대처 기제, 생산적인 성취와 작업 경험을 촉진하는 행동을 보여 준다고 밝힌다(Trzesniewski et al., 2006). 높은 자존감을 갖는다는 것은 또한 정신적·신체적 건강 문제, 약물 중독, 반사회적 행동을 막아 줄 것이다(Trzesniewski et al., 2006).

낮은 자존감

낮은 자존감은 가정 환경에서 발달하기 시작한다. 빈약하거나 불안정한 애착은 다양한 방식으로 긍정적인 자존감과 자기가치감 발달을 저해한다. 낮은 자아감을 가진 아동·청소년은 무가치감과 무능력감을 느낀다. 이러한 부정적 감정이나 자기 가치감의 부족은 방임적·학대적 양육 때문에 형성되었을 수 있다. 아동의 발달적 사건들을 축하하는 대신, 격려하지 않거나 심지어는 학대하거나 벌을 준다면 건강한 자기 혹은 자존감 형성 능력은 심각하게 방해받는다. 그 아동이 자신은 양육자에게 특별하거나 중요하지 않다고 내면화된다.

낮은 자존감은 자신의 잠재력의 최대치를 알아차리지 못하게 정서적으로 약화시킨다. 이는 아동이 자신은 무가치하고 무능력하다는 신념에 사로잡혀 스스로 실패할 거라는 자기충족적 예언에 이르게 하여 부정적이거나 자기패배적으로 변하게 할 수 있다. 낮은 자존감을 가진 아동·청소년은 심각한 정서 장해를 경험하고, 나이가 들어감에 따라 행동장애와 기분장해와 같은 정신 질환이 발달할 가능성이 높다(Powell, Newgent, & Lee, 2006).

높은 자존감을 가진 아동	낮은 자존감을 가진 아동
스스로에 대해 좋게 느낌	스스로에 대해 좋지 않게 느낌
자신이 할 수 있다는 것을 자랑스러워함	다른 사람만큼 잘하지 못할까 봐 걱정함
(늘 성공하는 것은 아닐지라도) 스스로를 믿음	실패할 거라 믿음
자신의 좋은 점(예: 친절하다)을 바라봄	쉽게 포기함
좋아하고 사랑받고 존중받는다고 느낌	좋아하고 수용되거나 존중받는다고 느끼지 않음
실수를 할 때조차 스스로를 수용함	스스로를 탓하고 잘못을 찾음
부정적인 것보다는 긍정적인 것에 주목함	긍정적인 것보다는 부정적인 것에 주목함

양육이 낮은 자존감 발달에 영향을 주지만, 자존감이 언제나 방임적이거나 부주의한 양육의 결과는 아니라는 점을 간과해서는 안 된다. 정신적이거나 정서적 건강 문제로 치료를 받는 대부분의 아동은 낮은 자존감을 경험한다. ADHD(제3장을 참조)로 진단받는 아동은 낮은 자존감, 또래관계에서의 어려움 그리고 불편한 가족관계를 경험하곤 한다. OCD(제8장을 참조)로 진단받는 아동은 낮은 자존감의 영향으로 스스로 결함 있고 무가치하며 환영받지 못한다고 믿는다. 반항성장애와 행동장애(제6장을 참조)와 같은 행동적 문제를 가진 아동 역시 자존감의 문제와 씨름하는데, 그들의 문제행동과 적대행동의 근본 뿌리일 것이다. 낮은 자존감은 특별히 십 대 소녀의 경우 우울을 예측하는 도구가 되기도 한다(제7장을 참조).

가족 위험 요인

양육 태도가 자존감 발달에 암묵적이고 명시적으로 영향을 준다는 연구가 있다. 가족 체계 안에서 언급되는 네 가지 주요한 양육 태도는 권위적, 독재적, 허용적, 방임적 유형으로 나뉜다(Boer & Tranent, 2013). 권위적 유형의 양육을 하는 부모는 규율과 기대를 분명히 제한하지만 자녀에게 양육, 사랑, 지지를 보낸다. 권위적 부모 밑에서 자란 아동은 높은 수준의 암묵적이고 명시적인 자존감과 자기가치감을 보인다(DeHart, Pelham, & Tennen, 2006). 이는 그들이 아동기를 지나 성인기에 이르기까지 자신의 가치와 적절함에 대한 핵심 신념을 가지게 된다는 것을 의미한다.

그러나 독재적 유형의 양육을 하는 가정에서 자란 아동은 대개 높은 수준의 자존감 발달을 이루지 못한다. 독재적 부모는 전형적으로 위협, 비난, 엄격한 강요, 지시적 규칙이 담긴, 보다 처벌적 유형의 양육을 한다(DeHart et al., 2006). 자녀는 그러한 가족 체계 안에서 거의 중요시되지 않고 부모의 사랑, 정서적 지지, 양육을 받지 못한다. 몇몇 연구에서는 독재적 가정에서 자란 아동에게 자존감, 자기가치감 및 확신감이 부족해진다고 밝혔다(DeHart et al., 2006; Boer & Tranent, 2013).

허용적 양육의 특징은 규칙과 기대를 비일관적으로 적용하는 데 있다. 그러한 부모는 일반적으로 양육적이고 사랑을 표현하지만, 아동의 행동을 조절할 수 있는 일관된 능력의 부족으로 인해 자녀가 적절한 자기조절 능력과 사회 기술을 배우지 못하게 되고, 그 결과 아동은 또래에게 거부나 따돌림을 당하면서 낮은 자존감을 갖게 된다(DeHart et al., 2006).

방임적 부모는 그들의 자녀를 지도하거나 감독하지 않는다. 그러한 부모는 정서적 지지나 양육이나 돌봄을 제공하지 않는 방임의 형태를 보인다(Boer & Tranent, 2013). 이러한 가정환경에서는 아동의 존재나 기량을 인정해 주지 않는다. 부모는 아동을 노골적으로 거부하거나 대부분의 양육 책임을 포기해 버린다(Boer & Tranent, 2013). 아동이 경험하는 정서적이고 신체적인 방임은 일찍이 자신은 양육자에게 환영받지 못하고 부모의 돌봄을 받기 충분할 만큼 중요하지 않다는 것을 배움으로써 아동의 자기가치감 및 자기감 발달에 심각한 영향을 줄 수 있다.

방임적이고 독재적인 양육 태도는 아동의 자존감 발달에 해로운 것으로 보인다. 낮은 자존감을 가진 아동과 작업하는 치료자는 반드시 부모자녀 관계 상태와 양육 실제를 파악해야 한다. 부모의 참여와 부모교육이 매우 중요하다.

사례 연구—엘리

10세 소녀 엘리는 최근에 낮은 자존감, 자해 행동, 전반적인 불행감의 호소문제로 놀이치료에 의뢰되었다. 부모는 그녀를 '고슴도치'라고 하면서 그녀가 신체적 애정표현을 허락하지 않는다고 하였다. 부모는 엘리가 이웃 친구들과 절대 어울리지 않는다고 하면서 생일파티에 초대될지언정 놀이 모임에 초대된 적은 드물다고 하였다. 어머니가 놀이를 위해 친구들을 집으로 초대한 적이 있는데, 엘리는 매우 수동적으로 행동하면서 다른 아동에게 거의 말을 걸지 않았다고 한다. 엘리는 최근에 자신의 팔을 종이 클립으로 긋기 시작했고, 한번은 자몽 칼로 그은 적도 있다. 그때, 엘리는 피를 흘리며 아버지에게 달려가 "아빠가 날 이렇게 만든 거야! 나는 아빠가 싫어!"라고 하며 소리를 질렀다. 아버지는 엘리의 기습적인 분노 폭발로 완전히 압도되었고, 사랑하는 관계가 무엇인지 고민하게 되었다.

치료에서 엘리는 종종 "나는 착하지 않아요." 혹은 "분명히 나보다 다른 아이와 노는 게 더 재밌을 거예요."와 같이 자신을 비난하거나 자기패배적인 말을 하곤 했다. 엘리의 자기확신과 자존감을 회복하는 것에 집중하며 아동중심 치료로 접근했다. 시간이 지나면서 엘리는 치료자에게 무엇을 해야 할지 묻는 대신, 회기에서 활동과 게임을 선택하기 시작하는 등 보다 적극적으로 행동하기 시작했다. 이 시간 동안 또한 그녀는 많은 감정 단어를 쓰는 법을 배웠고, 자신의 불안정함과 걱정에 대해 말할 수 있게 되었다. 그녀의 부모를 가족 놀이치료 회기에 참석하도록 하여 의사소통과 관계가 향상되도록 했으며, 양육과 사랑을 확실히 보여 주는 새로운 방법에 대해 배움으로써 부모-자녀 관계가 강화되었다.

엘리는 집과 학교에서 점점 주장을 하게 되었다. 그녀는 수업에 참여하고 친구들과 함께하였다. 그녀의 교사는 이메일로 엘리의 눈이 얼마나 반짝이는지 말해 주었다. 엘리는 치료에서 성취감을 보이며 자랑스러워했다. 그녀가 치료를 '종결'했을 때, 엘리는 자신에 대한 확신과 안정감을 느끼게 되었다.

부모의 참여

부모는 아동의 자존감과 확신을 만들고 회복하는 데 결정적인 역할을 한다. 부모의 역할이 자녀의 건강한 발달(정신적·신체적·정서적)을 이루고 유지하는 데 얼마나 중요한지 부모교육을 하면서, 지지와 양육을 보다 잘 제공할 수 있게 될 것이다. 부모를 가족치료 회기에 오게 하는 데 앞서 부모-자녀 관계 치료와 같은 애착기반의 부모교육 프로그램을 제공하는 것이 매우 유익할 것이다. 여러 연구에서 부모가 자녀에게 양육을 보여 주는 능력이 자녀의 자기신뢰, 자기확신, 자존감 발달의 가장 강력한 인자 중 하나라는 점을 통해 그것의 중요성을 검증하였다.

치료에 부모의 참여를 독려하는 것 또한 매우 중요하다. 놀이치료는 취약함을 드러내고 정서와 감정을 표현하도록 도와준다. 스테픈 엘러는 놀이치료가 성인의 방어기제를 약화되도록 도움으로써 특별히 매우 독재적인 방식을 지닌 부모가 보다 양육적인 접근을 하도록 작업하는 데 매우 유용하다는 점을 언급하였다(Eller, 2011).

놀이치료와 자존감

여러 연구에서 놀이치료가 아동의 자존감 향상에 효과적이라는 점을 보여 주고 있다(Landreth, 2002; Siahkalroudi & Bahri, 2015). 놀이치료는 집단 치료, 개인 치료, 가족치료와 같은 전통적인 장면뿐 아니라 학교 장면의 자존감 문제를 집단치료로 다루는 데 효과적일 수 있다. 특히 아동중심 놀이치료는 자기확신이 향상되고 아동과 신뢰를 이루며 사회적 고립이 감소하고 자신감이 증가한다(Siahkalroudi & Bahri, 2015). 또한 부모-자녀 관계가 향상됨에 따라 자존감이 촉진된다. 놀이치료는 아동이 비위협적이고 비판단적으로 세상을 탐험하게 함으로써 이해를 확장하고 스스로에 대한 진가를 깨닫게 한다.

별과 점

　　이러한 가족기반 놀이치료는 아동의 자존감과 자기가치감 향상에 초점을 둔다. 이는 부모가 단지 아동이 한 일이 못마땅하기 때문이 아니라 아동 그 자체를 실망스러워한다는 아동의 내적 신념과 같은 부정적 자기언어가 무엇인지 밝히고 감소시키는 데 유용하다. 이 활동은 부모/양육자가 전인적 아동을 다시 사랑하고 수용하도록 도움을 줄 수 있다.

 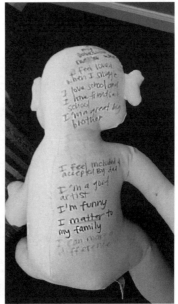

준비물

『너는 특별하단다』(Max Lucado 저)

별 스티커

회색 점 스티커

수성 매직

'나의 블랑코' 인형[1]

1　역자 주: '나의 블랑코(My Blanco)' 인형은 아동을 포함한 모든 연령의 사람이 자신의 감정을 예술적으로 표현하기 위해 만들어진 아무 무늬가 없는 하얀 원숭이 모양의 인형이다.

진행 방법

1. 부모와 아동이 『너는 특별하단다』를 함께 읽는다. 가능하다면 부모가 아동에게 읽어 주는 것이 좋다. 점과 별이 아동에게 의미하는 것이 무엇인지 탐색하고, 목각사가 "내가 너를 만들었기 때문에 너는 특별하단다. 나는 실수하지 않았단다."라고 말하는 것의 의미가 무엇인지도 탐색한다. 아동이 자신이 특별하고 실수가 아니라는 것이 가능하다는 것을 믿는가?

2. 아동에게 '나의 블랑코' 인형에 회색 점(스스로에 대한 부정적 사고나 신념)을 그리게 한다. 원한다면 회색 스티커를 사용할 수 있다(인형을 구할 수 없다면, 이 개입에서 검은색 종이나 진저브레드 인형을 그려서 사용할 수 있다).

3. 부모나 양육자에게 자녀에 대해 좋아하거나 자랑스러워 하는 긍정적 특성, 성격, 개인적 성향 등을 의미하는 별을 인형에 그리도록 한다.

4. 그려진 별과 점에 대해(각각의 별과 점에 대해 어떻게 생각하고 느끼는지) 함께 이야기를 나눠 본다.

5. 인형을 뒤로 돌린다. 각각의 점이 갖는 부정적 생각에 도전하는 정반대 사고로 재구조화하여 반대편에 적어 본다. 예를 들어, '나는 학교에 친구가 없다.'는 '토미가 점심시간에 내 옆에 앉는다. 그는 나를 좋아한다.' 혹은 '나는 옆집 아이와 놀 수 있다. 그 애는 나의 친구이다.'로 재구조화할 수 있다.

상자의 안과 밖

이 표현 예술에 기초한 놀이치료 개입은 청소년이 자신을 어떻게 바라보며, 다른 사람들이 자신을 어떻게 인식하는지 규명하게 하는 데 초점을 둔다. 이 활동에서 콜라주는 자기에 대한 강력하고 상징적인 묘사로 사용된다. 이 활동의 원작자는 알려지지 않았는데 다양한 버전이 존재한다.

준비물
구두 상자(다양한 크기)
접착제
가위
다양한 잡지

진행 방법
1. 아동은 뚜껑이 있는 구두 상자를 선택한다(회기에 가져올 수도 있다). 내담자에게 잡지에서 다른 사람이 자신을 어떻게 바라보는지를 표현할 수 있는 다양한 단어와 그림을 자르라고 지시한다. 상자와 뚜껑의 바깥에 그것들을 콜라주로 붙이도록 한다.

2. 다른 사람의 지각이 어떻게 사실일 수 있는지 혹은 사실이 아닐 수 있는지 탐색하고 '상자' 바깥쪽을 바라보면서 드는 생각과 느낌에 대해 나눈다.

3. 상자의 안쪽에, 다양한 잡지 사진과 단어를 통해 같은 과정을 반복한다. 그러나 상자의 안쪽은 아동이 자신의 진짜 자기와 정체를 어떻게 보고 있는지 나타내도록 장식해야 한다.

4. 내담자에게 각각의 그림이나 단어가 의미하는 것이 무엇인지 나눈다. 그런 다음 떠오르는 생각과 느낌을 나눈다.

5. 다음과 같이 질문한다.

- 상자 밖과 상자 안을 비교해서 보면 어떤 느낌이 드나요?
- 상자 밖에 변화시키거나 덧붙이고 싶은 것이 있다면 무엇인가요?
- 상자 안에 변화시키거나 덧붙이고 싶은 것이 있다면 무엇인가요?

주의사항

이것은 완수하는 데 여러 번의 회기가 필요할 수 있다. 고학년 아동이나 십 대 내담자에게는 '숙제'로 줄 수 있다.

가공되지 않은 다이아몬드

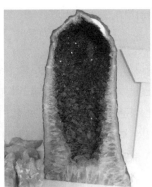

이 놀이치료 개입은 원석을 자기의 상징으로 사용하여 고학년 아동과 십 대가 마음속으로 자신의 숨겨진 힘과 긍정적인 개인적 특성을 보기 시작하고, 자신의 가치를 발견하도록 돕기 위해 고안되었다. 원석은 내적인 놀라움을 가졌지만, 외관은 거칠고, 울퉁불퉁하고, 비대칭이며, 못생겼다. 원석이 갈라지면, 바위 내면은 오색찬란함과 아름다움으로 채워져 있어 많은 이가 놀라움을 금치 못한다. 아동은 바위의 물리적 특징을 탐색한 다음 그들 스스로가 바라보는 자신의 외면적인 특징에 대해 탐색한다. 뿐만 아니라 그들이 가진 내적 가치와 힘에 대해서도 살펴본다. 이는 아동의 자기가치감과 자존감에 대한 느낌을 향상시키는 데 도움이 된다. '가공되지 않은 다이아몬드'는 집단, 가족, 개인 치료에 적용될 수 있다.

주의사항
이 놀이치료 개입은 12세 이상의 아동과 십 대에게 적용하기에 가장 적절하다.

준비물
활동에 참여하는 각 개인을 위한 원석(이는 자연에서 찾거나 구입할 수 있다.)
망치
보안경(참가자 인원수만큼)
깨끗한 천

진행 방법

1. 아동과 다이아몬드가 어떻게 탄생하는지 이야기를 나눈다. 치료자는 다음과 같이 말한다.

다이아몬드가 처음에 발견될 때는 반짝이거나 예쁘지 않아요. 오히려 다이아몬드는 보기 흉한데, 그것은 사실 석탄이나 숯에서 만들어지거든요. 우리가 보는 다이아몬드는 이렇게 석탄을 갈고 닦아서 보석이 된 거랍니다. 사람도 이와 마찬가지예요!

우리는 대개 우리 자신을 포함해 다른 사람을 볼 때 겉으로 보이는 외모로 가치를 판단하곤 해요. 하지만 우리가 좀 더 깊이 바라본다면 진정한 가치를 발견하게 돼요. 광부가 바위와 먼지 속에서 원석 다이아몬드를 발견하는 것처럼, 때로는 다른 사람이 당신보다 먼저 이러한 가치를 발견하기도 해요.

2. 각 아동이나 가족에게 원석을 준다. 원석의 물리적 특징을 탐색하며 손으로 만지는 느낌이 어떤지, 질감이 좋은지 등 거칠고 울퉁불퉁한 겉면을 느껴 보도록 한다.

3. 각 사람에게 긍정적 용어와 부정적 용어 둘 다 사용해서 원석에 대해 기술해 보도록 한다.

4. 치료자는 우리가 낮은 자존감을 가지고 있으면 우리 자신을 보는 방식에 영향을 줄 수 있다는, 자존감에 관한 심리교육을 제공한다. 아동에게 우리 각자는 이 원석과 같은데, 바깥쪽, 즉 결점을 보거나 우리 자신에 대해 좋아하지 않거나 적절하지 않다고 생각하는 면에만 집중하기 쉽다는 점을 알려 준다. 우리는 종종 다른 사람도 우리의 거칠고 울퉁불퉁한 겉면만 보고 좋아하지 않을 거라고 걱정하고 있음을 알려 준다.

5. 아동에게 신체적 측면에 관한 장점 세 가지를 말하도록 한다. 만일 아동이 이 질문에 대답하기 어려워한다면, "네가 미소 짓는 모습은 정말 멋져. 너의 미소를 보면 나의 하루는 항상 밝게 빛난단다."처럼, 치료자가 아동에 관해 긍정적인 말로 도움을 줄 수 있다.

6. 아동에게 깨끗한 천에 원석을 올리게 한다. 모든 참여자는 보안경을 써야 한다. 망치를 주고 원석이 갈라질 때까지 두드려서 원석의 반쪽을 천에 올려놓는다. 보안경을 벗고, 망치는 안전한 곳에 치운다.

7. 원석의 반쪽을 아동에게 준다. 원석의 안쪽이 바깥쪽과 얼마나 다른지 탐색한다. 아동에게 원석의 안쪽을 시각적으로 탐색할 뿐 아니라 손으로 만져 보게 한다. 아동에게 바위 안쪽의 부드러운 면과 크리스털을 느껴 보고 다양한 색깔을 보도록 한다.

8. 아동에게 원석의 안쪽을 묘사해 보게 한다. "원석의 어떤 측면이 가장 좋은가요?" "원석 안쪽이 바깥쪽 모습과는 많이 다른 것을 보고 놀랐나요?"와 같은 질문을 해 보는 것도 좋다. 그런 다음, 우리의 내면의 가치도 원석의 안쪽과 같은데, 때로 우리가 우리의 '못생기거나 안 좋은' 측면만을 보기 때문에 불행히도 우리가 얼마나 아름답고 특별한지 잊곤 한다고 설명할 수 있다.

9. 아동에게 자신의 내면이나 개인적 특성(원석의 안쪽과 같은)에서 강점 세 가지를 찾게 한다.

10. 아동에게 원석을 집에 가져가게 하여 가공되지 않은 다이아몬드처럼 자신의 본연의 가치를 기억하게 한다.

위대한 막대

위대한 막대는 긍정적 가치의 단어로 가득한 아이스크림 막대이다. 치료자는 치료 회기 전에 보고 만질 수 있도록 막대에 확신을 주는 말, 개인적 능력, 속성과 관련된 단어를 적어 놓는다. 이 개입은 양육적 마음 접근[Nurtured Heart Approach(Children's Success Foundation, 2015)] 훈련에서 발전된 것이다. 위대한 막대는 단어가 인쇄되어 있는 막대인데, 조개껍질이나 돌 같은 다른 것에도 적을 수 있다. 위대한 막대는 아동이 자신의 강점을 인식하고 자기확신과 자존감 향상에 도움을 줄 수 있다. 이 개입은 개인·가족·집단 치료 작업에 적용할 수 있다.

준비물
아이스크림과 막대
유성 매직
모래
다양한 작은 피겨
흰 종이

진행 방법

아동-부모 치료

1. '위대한 막대'가 담긴 컵을 아동과 부모(양육자) 앞에 놓고 부모(양육자)가 막대를 집은 후에 아동이 어떻게 이 자질을 보여 주는지 이야기 나누게 한다.

2. 부모와 아동에게 위대한 막대들을 모래에 세우게 한다.

3. 부모가 부정적이거나 바람직하지 않은 행동을 집으려고 하면, 재빨리 수정하게 하는 것이 중요하다. 그러면 부모는 "아이가 얼마나 성질을 부리고 나에게 무례하게 구는지 얘기할 수 있는 거 아닌가요?"라고 물을지도 모른다. 그러면 치료자는 "이 활동에서 부정적 측면은 다루지 않아요, 이것은 자녀의 약점이 아닌 강점에 관해 생각하는 작업이랍니다."라고 대답한다.

4. 부모와 아동에게 모래상자 도구에서 자신을 나타내는 작은 피겨를 선택하게 하거나 그림을 그려서 그것을 모래에 세운다.

5. 모래가 없다면 일단 위대한 막대를 선택한 뒤, 이 활동에서 어떤 느낌을 받는지 그림으로 그려 보게 하고, 그림 주변에 위대한 막대를 놓는다.

6. 항상 빈 막대를 준비해서 내담자가 긍정적 자질을 추가할 수 있게 하는 것이 중요하다. 유성 매직으로 막대에 적게 한다.

7. 내담자가 매일 자신의 강점을 기억하게 돕는 이행기 대상으로, 위대한 막대를 집에 가져가게 한다.

개인치료

1. 위대한 막대를 아동 앞에 놓고 자신의 강점을 나타내는 (일련의) 막대들을 선택하게 한다.

2. 아동에게 막대를 모래에 세우게 한다.

3. 아동에게 모래상자 도구에서 자신을 나타내는 작은 피규어를 선택하게 하거나 그림을 그려서 그것을 모래에 세운다.

4. 모래가 없다면 아동에게 이 활동에서 어떤 느낌을 받는지 그림으로 그려 보게 하고, 그림 주변에 위대한 막대를 놓는다.

5. 항상 빈 막대를 준비해서 내담자가 긍정적 자질을 추가할 수 있게 하는 것이 중요하다. 유성 매직으로 막대에 적도록 한다.

6. 내담자가 매일 자신의 강점을 기억하게 돕는 이행기 대상으로, 위대한 막대를 집에 가져가게 한다.

집단치료

이 개입은 서로를 알아가는 데 매우 강력한 활동이다. 침여자들은 다른 사람들과 스스로의 아름다움을 찾아보게 된다. 이는 또한 집단이나 회사의 훌륭한 점을 인식하게 하기 위한 직원 훈련에 아이스 브레이커 활동으로 탁월하다.

1. 사람들을 세네 집단으로 나누고 각 집단에 위대한 막대 컵을 준 뒤, 무작위로 2개의 막대를 집게 한다.

2. 각 사람에게 "이 위대한 자질을 보면 누가 생각나나요? 그 사람이 이 자질을 어떻게 보여 주는지 이야기를 나눠 보세요."라고 요청한다.

3. 두 번째 활동에서 다른 막대를 선택하고 그 사람이 이 자질을 어떻게, 왜 가지고 있는지 이야기를 나누게 한다.

한 장으로 보여 주는 콜라주

'한 장으로 보여 주는 콜라주'는 내담자의 지금 즉각적인 관심을 반영하여 모으고 엮어 보여 주는 미술치료 표현기법이다. 진행 과정은 최종 작품에서 가치를 발휘한다. 개입 초반에는, 내담자가 다양한 잡지와 매체 자료(이는 임상가에게 내담자가 어떤 것에 관심이 있는지 관찰할 수 있는 좋은 기회가 된다)를 살펴보게 한다. 내담자가 대강 훑어보게 하고 아이템을 찾느라 너무 오래 생각하지 않게 한다. 오히려 관심이 가는 어떤 것을 찾았을 때 즉각적으로 오려서 자른 것들을 모아 놓도록 한다.

이 개입은 내담자가 있는 곳에서 느긋해지고 편안해지게 하는 접근법이며, 순간에 머물며 마음챙김을 하게 한다. 모으는 과정은 여러 번의 회기에 걸쳐 이루어질 수 있고, 내담자와 라포를 형성하는 이상적 분위기를 제공한다. 일단 콜라주가 완성되어 나누는 개입을 하면 내담자의 관심이 반영된 것에 내담자와 임상가가 연결되는 훌륭한 기회가 된다. 이 단계에서, 임상가는 내담자의 다양한 개인적 관심을 확인하고 반영하고 라포를 형성하고 적극적 경청을 하며 배울 수 있는 멋진 기회를 갖는다.

준비물

다양한 잡지나 다른 매체 간행물

가위

접착제

검은 종이

액자(선택 사항)

진행 방법

1. 내담자가 편안하게 느끼는 장소에서 시행한다. 필요하다면 그런 장소를 활용한다.

2. 내담자가 다양한 잡지와 다른 매체 간행물들을 훑어보게 한다.

3. 내담자에게 매체로부터 즉각적으로 그림, 단어 혹은 다른 항목들을 골라 자르게 한다.

4. 내담자가 항목을 찾느라 너무 오래 생각하지 않게 한다. 오히려 관심이 가는 어떤 것이든 즉시 오려서 자른 것들을 모아 놓게 한다.

5. 내담자에게 조각들을 모으는 데 시간이 얼마나 걸릴지 물어보고, 그 시간 동안 작업하게 한다.

6. 내담자에게 제공된 종이에 조각들을 모아서 붙이게 한다.

7. 내담자의 창작에 도움이 된다면 비싸지 않은 액자를 가져와 넣을 수 있게 한다.

8. 콜라주가 완성되면 적당한 시간을 정해서 콜라주에 대해 이야기를 나누게 한다. 콜라주를 통해 보여 주는 내담자의 관심을 반영한다. 내담자가 일상에서 잘 볼 수 있는 장소에 콜라주를 두게 한다.

'여자아이처럼' 기법

　청소년기는 여자아이에게 도전이 되는 시기일 수 있고, 그에 따라 자존감과 자기가치감이 곤두박질치게 된다. 요즘 시대의 십 대는 사회 매체, 텔레비전, 불행히도 때로는 주변의 성인들에게서 연속적인 부정적 메시지 폭격을 받는다. 너무 자주 십 대 여자아이들은 수학이나 과학 수업을 열심히 들을 필요가 없다는 얘기를 듣고, 수업에 적극적으로 참여하면 또래에게 '너무 똑똑하다'는 조롱을 사기도 한다. 이러한 부정적 메시지에 맞서게 하는 것은 당신의 십 대 내담자의 자존감을 증가시키고 확신을 세워 주는 중요한 부분이다. 이것은 표현 미술치료 기법으로, 우리는 놀이치료 개입에 매체를 결합시켜 간다. 이 작업은 개인·가족·집단 치료에 유용하다.

준비물
흰 종이
가위
매직
테이프
공예지 또는 스크랩북 종이
실

진행 방법
1. 내담자와 함께 '언제나 여자아이처럼(Always Like a Girl)' 유튜브 영상 (https://www.youtube.com/watch?v=XjJQBjWYDTs)을 시청한다.

2. 내담자와 함께 유튜브 영상에서 들은 부정적 메시지가 무엇이었는지 탐색한다. 다음과 같은 질문을 해도 좋다.

- 누군가가 "여자아이처럼 던져라."라고 말한다면 어떤 느낌일 것 같나요?
- '여자아이'가 어떻게 뛰고, 던지고, 걷는지 등을 당신에게 보여 줄 때 십 대 각각은 스스로에 대해 어떻게 느꼈을 것 같나요?
- 당신이 이 여자아이 중 한 사람이라면, 이러한 메시지는 스스로에 대해 행동하거

나 느끼는 방식에 변화를 주게 될까요?

3. 내담자에게 일련의 종이 인형 사슬을 만들게 한다.

4. 내담자에게 큰 사이즈의 빈 종이(16절지나 그보다 큰 종이가 좋다)를 준다. 세로로
반을 접어서 종이를 자르도록 한다.

 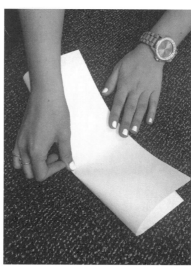

5. 일정한 아코디언 모양이 되도록 종이를 접는다.

- 주름이 잘 잡히도록 모서리를 맞춰서 반으로 접는다.
- 한쪽 모서리를 뒤로 접어 방금 만든 주름과 만나도록 한다. 종이를 뒤집어 다른 쪽 모서리도 이 같은 과정을 반복한다. 이제 4개의 똑같은 면이 생겼고, 8개 면이 생길 때까지 계속 접는다.

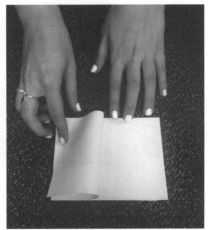

- 맨 윗면이 가운데 접힌 부분과 만나게 접는다. 뒤집어서 반복한다.

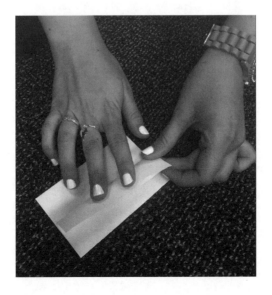

- 책처럼 가운데 접힌 부분을 연다. 가운데를 중심으로 양쪽에 3개의 층이 생긴다.

- 3개 층의 한쪽 면이 가운데 접힌 면과 만나게 접는다. 다른 쪽도 반복한다.
- 아코디언 모양이 완성되게 가운데 접힌 면을 뒤로 접는다.

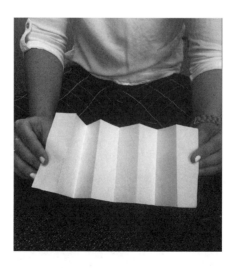

6. 오른쪽에 접힌 면이 오게 접어서 인형의 절반을 그린다.

7. 접힌 면을 단단히 붙잡고 인형 가장자리를 조심스럽게 자른다. 접힌 면을 자르지
   않도록 주의한다.

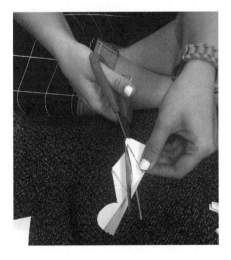

8. 인형 사슬이 드러나도록 종이를 펼친다.

9. 내담자에게 종이 인형 사슬을 펼치게 한다. 각각의 인형은 그녀가 듣거나 스스로 느꼈던 다양한 부정적 메시지의 상징으로 꾸민다. 내담자가 풍부한 표현을 할 수 있도록 미술 도구나 공예 재료를 제공한다.

10. 각 인형의 다양한 의미와 이것이 그녀 자신과 그녀의 능력에 대해 어떻게 느끼게 하는지 탐색한다.

11. 또 다른 인형 세트를 만들기 위해 5~8단계를 반복한다. 이번 세트는 각각의 인형이 긍정적 메시지와 권한을 대표할 것이다. 인형 세트가 만들어지면, 내담자가 자신에 관해 믿고 있는 권한이나 긍정적 메시지를 만들게 한다.

12. 내담자에게 다음 질문을 하며 감정을 탐색해 본다.

• 긍정적 메시지를 가진 인형들을 볼 때 어떤 느낌이 드나요?
• 가장 자랑스러운 일은 무엇인가요? 아무것도 생각이 안 난다면 미래에 자랑스러워지기 원하는 것은 무엇인가요?

- 이 인형들 중 어떤 것이 당신에게 최고인가요?

13. 내담자에게 부정적 인형과 긍정적 인형의 손을 붙이게 한다. 이것은 우리 각자는 좋은 면과 안 좋은 면을 함께 가지고 있으며 이는 긍정적 메시지와 부정적 메시지도 마찬가지라는 점을 나타낸다. 긍정적 메시지는 긍정적 힘을 통해 부정적 메시지를 덮을 수도 있고, 아니면 내담자의 좋은 생각과 감정 및 나쁜 생각과 감정을 같이 드러내는 것을 존중하는 의미로 손을 잡아 원형을 이룰 수도 있다.

수치심 방패

수치심은 모든 연령 및 발달단계에 있는 인간에게 영향을 주는 보편적 감정이다. 이 것은 또한 외상과 학대를 다루는 문제에서 강력하게 나타난다. 나이 어린(혹은 많은) 내 담자를 도울 때 수치심이 그들의 행동과 관계에 어떻게 영향을 미치고, 그들의 자존감 과 자기가치감에 어떻게 충격을 주는지를 잘 이해하는 것은 특히나 성적 학대나 외상 이 있는 내담자와 작업할 때 치료의 결정적 측면이 된다.

인간은 자연적으로 이러한 부끄러움에서 벗어나려고 강력한 감정을 회피하며 자신 을 보호하기 위한 방어기제를 만든다. 이 개입에서, 내담자는 어디서 어떻게, 왜 그들이 수치심을 경험하는지 명료하게 밝힐 뿐 아니라, 이러한 부정적인 자기 언어 메시지에 대항하는 법을 배운다. 이는 인간에게 부여된 권한과 허용을 창조하게 한다. 내담자는 자신의 마음을 건강하고 적극적으로 지키고 방어하기 위한 새로운 대처 전략을 배우는 동안, 불편한 감정을 견디는 법을 배운다. 수치심에 관한 심리교육 자료는 브레네 브라 운(Brené Brown)의 『마음 가면(Daring Greatly)』에서 참조했다. 이 개입은 개인·가족· 집단 치료에 적용할 수 있다.

준비물
벽보판
알루미늄 호일
매직
잡지
눈알 스티커, 모루(공예용 털실 철사), 천 조각 등 표현을 돕는 미술 재료
접착제
가위

진행 방법
1. 내담자에게 벽보판 한 장을 주고 그 위에 방패를 그리게 한다. 방패 모양과 크기는 상관없다. 내담자가 방패를 그리는 동안, 수치심의 정의와 그것이 내적으로 어떻 게 생성되는지 논의한다. "수치심은 모든 인간이 때로 경험하는 감정이에요. 그것

은 우리가 '나쁘다고' 느끼거나 혹은 우리가 어떤 '나쁜' 짓을 했다고 믿는 데서 비롯되는 감정인데, 우리를 무가치하고 사랑받을 만하지 않으며 원치 않는다고 믿도록 우리 뇌를 속인답니다."라고 이야기할 수 있다. 내담자가 방패를 만드는 동안 다음과 같은 질문을 할 수 있다.

- 수치심을 느낄 때가 언제인가요?
- 당신의 몸 어느 부분에서 이러한 감정을 느끼나요?
- 이러한 감정이 들 때 어떻게 하나요?

2. 내담자는 자신이 그린 방패를 자른 뒤 호일로 감싼다.

3. 방패의 절반이나 한쪽에 수치심에 대한 그들의 느낌이나 경험을 나타내는 콜라주 작업을 하게 한다. 내담자가 콜라주 작업을 하는 동안 다음과 같이 말할 수 있다.

시간이 지나면서 수치심은 우리 안에 거대한 감정으로 자랄 수 있습니다. 수치심 괴물이 되는 것이죠. 우리 각자는 수치심으로부터 우리 자신을 보호하고 싶어 합니다. 우리가 수치심과 맞서는 주요한 방법으로는 다음 세 가지가 있습니다. 첫 번째 방법은 숨거나 다른 사람들에게 비밀로 하려는 것입니다. 왜냐하면 우리가 사랑하는 사람이 우리의 비밀을 알면 그들이 더 이상 우리는 사랑하지 않을 거라고 두려워하기 때문이죠. 두 번째 방법은 모든 사람을 기쁘게 만들고 행복하게 하려고 다른 사람을 위해서 노력하는 거예요. 우리 자신을 돌보지 못하고 나 자신의 개인적 행복을 희생하더라도 말이죠. 세 번째 방법은 수치심을 이용하는 것이에요! 다른 사람도 우리가 느끼는 방식대로 느끼도록 만드는 것입니다. 우리는 내담자들과 그들이 수치심을 경험할 때 스스로를 보호하기 위해 과거나 최근에 어떤 전략을 사용하곤 했는지 나눌 수 있다.

4. 내담자와 수치심을 다루는 건강한 방법을 다루며 다음과 같이 말할 수 있다.

우리는 수치심이 비밀리에 자라고 당신보다 더 크게 느낄 수 있다는 것을 알게 되었습니다! 수치심은 자신을 포장하는 어떤 말도 싫어하지만, 오직 공감으로 감싸질 때 움츠러듭니다. 수치심은 다른 사람이 알게 되면 그들은 더 이상 우리를 사랑하지 않을 거라고 믿도록 우리를 속입니다. 실은 이 반대가 진실입니다! 공감으로 다루면 그 크기가 더 이상 자라지 않고 움츠러듭니다. 수치심의 감정에 대해 더 이야기할수록, 많은 단어로 그것을 표현하고 탐색할수록, 우리 주변에 지지적인 경청자가 있다면 그 느낌은 더욱 작아질 것입니다.

5. 내담자에게 방패 뒷면에 콜라주나 다른 표현 미술을 통해 어떻게 건강하고 당당하게 수치심에 맞설 수 있을지 그림을 그리거나 나타내 보게 한다. 그들이 지지적이고 공감적인 경청자로 믿을 수 있는 사람들의 명단을 만들어 방패 어딘가에 붙여 놓는 것도 좋을 수 있다.

6. 내담자는 방패를 집에 가져가서 어떻게 수치심 괴물과 건강한 방식으로 맞서야 하는지 상기하고 수치심과 싸울 때 공감의 힘을 깨닫게 한다.

제10장
사회 기술 향상
놀이치료 개입

놀이는 최고의 연구물이다.

—Albert Einstein

많은 학령기 아동은 긍정적이고 건강하며 연령에 적당한 사회 기술을 이해하고 참여하기 위해 고군분투한다. 아동의 신경학적·생물학적·정서적 발달의 개별화 과정은 환경과 유전 모두의 영향을 받는다. 발달적·인지적·신체적 장애를 갖고 태어난 아동은 적절한 사회 기술을 배우려고 노력해야 할 것이다. 학대나 외상(제11장 참조)의 영향을 받은 아동은 심각한 두뇌 발달 문제를 갖게 될 수 있고, 그것은 다른 이들의 사회적 단서를 읽고 이해하는 능력과 연령에 적절한 방식으로 행동하는 능력에 결정적인 영향을 주게 된다.

적대적 반항장애(제6장 참조)와 같은 와해된 행동장애로 진단되는 아동은 튀는 공격적 행동으로 또래에게 거절당하는 경험을 하게 되어 전형적으로 사회적 기술에서 유의한 어려움을 보인다. 자기조절과 충동조절 능력은 신경학적 발달의 문제이기도 하다. 자폐스펙트럼장애(제5장 참조)로 진단되는 아동은 자기와 다른 이의 감정, 생각, 의도를 이해하기 어려워 사회적 도전을 받게 된다(Beaumont & Sofronoff, 2008). 그뿐만 아니라 많은 외부 환경 요인이 정서를 조절하고, 연령에 적절한 방식으로 행동하며, 일상의 스트레스를 다루는 능력에 영향을 끼친다. 괴롭힘, 거부, 따돌림과 같은 또래 문제와 결과적인 자존감 문제 역시 적절한 사회적 단서를 잡아 반응하는 능력에 영향을 미친다.

낮은 사회적 기술과 전형적으로 동시에 발생하는 행동적 문제는 부모에게뿐 아니라 교육자에게도 걱정거리가 되곤 한다. 많은 교사와 학교 관계자들은 개별 학생의 요구와 학급 환경의 요구 사이에 균형 있는 접점을 찾는 데 고심한다. 학교 상담자에게 의뢰되는 주요한 문제는 학생들의 행동적 문제와 낮은 자기조절 문제라고 한다. 부모는 부정적인 사회 경험을 혼자 겪어야 하는 불편한 환경에서 자녀를 '구조'하려는 노력으로 고군분투한다고 보고한다. 그들은 또한 낮은 사회 기술이나 행동으로 자녀가 사회적 기회를 놓치는 것을 보게 되면 분노와 무력감을 느끼게 될 수 있다.

임상가들은 사회 기술 집단치료를 시행하는 데 비지시적·지시적 접근을 모두 활용할 수 있으며, 두 접근 모두 행동적·정서적 조절 및 정서 지능과 공감 기술 향상에 긍정적 변화를 보이는 데 매우 효과적이었음을 밝히고 있다(Garza & Bratton, 2005; O'Connor & Stagnitti, 2001). 이를 유치원 연령의 학령기 전 시기에 아동중심 혹은 비지시적 집단 양식에 적용하는 것도 발달적으로 적절하다. 이 장의 많은 개입은 지시적 놀이치료 개입인데, 학교 기반 상담부터 외래 서비스 등 다양한 장면에 쉽게 적용할 수 있기 때문이다.

부모의 참여

부모는 자녀가 주변 환경에서 배운 사회적 기술을 성공적으로 이행하도록 돕는 데 결정적 역할을 한다. 집단 참여자들의 부모와 함께 작업하는 것은 임상가에게도 매우 중요한데, 그 주에 배운 사회 기술을 알려 주고, 자녀들이 그 사회 기술을 이해하고 실천하는 것을 어떻게 도울 수 있을지 정보를 준다. 부모와의 치료적 동맹을 촉진하는 데 효과적인 방법 한 가지는 사회 기술 집단에서 배운 내용과 그 주에 그 사회 기술을 적용하는 데 유용한 정보가 담긴 편지('사회 기술 집단 유인물'을 참조)를 매주 가정으로 보내는 것이다. 그런 다음 부모의 염려와 관찰한 바를 나눌 수 있는 외래 집단을 진행한다.

　때로는 부모가 결정적인 사회 기술이 부족하여 왜 자녀가 사회 기술 집단에 참여해야 하는지, 혹은 가정에서 어떻게 그들을 도울 수 있는지 온전히 이해하지 못할 수 있다. 부모에게 이 집단이 자녀들이 어려운 행동적 문제를 다루는 법을 배우는 데 어떤 도움이 되는지에 관해 심리 교육을 제공하는 것은 장기적으로 아동에게 (그리고 가족 체계 전체에) 유용할 수 있다. 집단치료를 시작하기 전에 부모를 만나는 것이 중요하며, 이는 임상가에게 가족 환경과 기능 수준을 평가할 기회를 제공한다.

사례 연구—알렉스

　9세 소년 알렉스는 최근 외부 지역사회 정신건강센터에서 열리는 사회 기술 집단에 의뢰되었다. 알렉스 부모는 그가 아무 문제 없이 태어났고, 모든 발달단계도 정상이었다고 보고하고 있다. 알렉스는 외동인데, 그의 부모의 성인 친구들과 어울리며 자라났다. 그는 성인들과는 과학, 사회 정책, 수학 등에 관해 어려움 없이 대화를 이끌어가지만, 같은 연령의 또래와 있으면 입을 닫아 버리고 다른 아동과 함께하지 않는다.

　그는 학교에서 우수하고 학업적으로는 잘 해낸다. 그의 성적은 평균 이상이다. 그러나 그는 종종 교사에게 놀이하러 나가지 않고 교실에서 쉬어도 되는지 묻곤 한다. 만일 그를 억지로 밖에 내보낸다면, 그는 혼자 시간을 보내고 벌레나 나무를 쳐다보거나 문 옆에 있는 조약돌을 가지고 놀 거라고 교사는 언급하고 있다. 그는 친구들이 먼저 다가와도 그들과 거의 어울리지 않는다.

사회 기술 집단 유인물

날짜: _____

부모님, 환영합니다!

　귀 댁의 자녀가 우리 사회 기술 집단에 참여하게 되어 반갑습니다! 우리는 다른 사람과 어울리기 위한 새롭고 즐거운 방법을 많이 배우게 될 것입니다! 우리가 배우게 될 기술의 일부는 다음과 같습니다.

- 친구 사귀고 관계 유지하기
- 만족 지연하기
- 공감 능력 발달하기
- 개인 공간 지키기

　이번 주에 우리는 _____ 작업을 할 것입니다. 이번 주에 새로 배운 기술에 대해 부모님께서 자녀를 도울 수 있는 재밌는 방법을 소개해 드리겠습니다.

1. 다른 사람에게 다가가서, 눈을 맞추고 악수를 하며 자신을 소개합니다.

2. 거울을 함께 보면서 표정을 만들어 봅니다. 슬픈 표정, 우스운 표정, 화난 표정 등을 만들어 보면서 부모님과 자녀가 서로의 감정을 맞혀 봅니다.

3. 개인 공간 지키기 연습을 계속합니다. 훌라후프를 가져와서, 원 옆에 서서 각각 다른 사람의 원 안으로는 들어오지 않는 연습을 합니다. 훌라후프 안에서는 함께 흔들고 움직일 수 있습니다!

　우리는 다음 집단 모임을 즐겁게 기다리겠습니다! 다음 주에 우리는 _____ 사회 기술에 대해 배울 것입니다.

곧 만나기를 기대합니다! 질문이나 걱정이 있으시다면, 그건 저에게 매우 중요한 일이라는 것을 기억해 주세요! 사무실 직원 _____과 약속을 잡아 주시면 정해진 시간에 이 문제에 대해 저와 이야기 나누도록 하겠습니다.

　　잘 지내시길 바랍니다.

사례 연구—제프리

10세 소년 제프리는 생명을 위협하는 질병으로 몇 주간 시력을 잃게 되어 병원에 있다가 최근 퇴원했다. 입원해 있는 동안, 들을 수는 있지만 볼 수가 없어 예민해져 있었다. 퇴원 후, 그는 손상된 면역체계로 인해 병에 걸릴 위험이 커서 학교에 갈 수 없었다. 그는 집에서 홀로 원기를 회복하며 몇 주를 지냈다. 그는 더 이상 친구들과 어울리지 못하게 된 것에 대해 외로움과 고립감을 느꼈다. 제프리는 질병이 자기 친구들을 모두 빼앗아 버렸다고 생각하게 되어 화가 나고 슬프고 외로웠다. 그는 최근에 부모와 여동생에게 언어적으로, 때로는 신체적으로 공격적인 모습을 보이게 되었다.

사례 연구—앨리스

7세 소녀 앨리스는 자폐스펙트럼장애로 진단받았다. 그녀는 비교적 고기능이지만, 사회적 단서를 이해하는 것은 현저히 어렵고, 자신은 친구를 원하는데 왜 자신에게는 친구가 없는지 이해하지 못한다. 앨리스가 집단 촉진자와 첫 인사를 나누었는데, 그녀는 매력적이고 유쾌하다. 그러나 다른 참가자들이 집단에 참여하면서, 앨리스의 감정은 변화되고, 고조된 어린아이 말투로 말하기 시작한다. 그녀는 다른 아이들의 팔과 얼굴을 손가락으로 찌른다. 그녀로부터 떨어져 있으려는 아이에게 더 가까이 다가가고, 현재 진행되는 대화와 맥락이 맞지 않는 생각을 불쑥 말한다. 집단 말미에, 집단원들이 나가려고 하자 앨리스는 네 발로 느릿느릿 기면서 야옹거리고 핥으려 하였다.

놀이치료와 사회 기술

　놀이 기반 사회 기술 집단은 사회 불안, ADHD, 자폐, 다운 증후군, 그 밖의 아동이 세상을 효과적으로 다루어 가는 능력에 영향을 주는 정서적·행동적 장애에 매우 효과적이라는 것이 밝혀지고 있다(Barry & Burlew, 2001; Gresham, Cook, & Crews, 2004; O'Conner & Stabnitti, 2001; Quirmbach, Lincoln, Feinberg, Ingersoll, & Andrews, 2008). 사회 기술 훈련은 공격적이고 반사회적인 행동뿐만 아니라 사회적 위축과 고립과 같은 외적·내적 행동문제 모두에 효과가 있다는 것이 연구에서 밝혀지고 있다(Gresharm et al., 2004). 아동에게 또래와 친사회적인 방식으로 상호작용하는 기회를 제공하는데, 처음 만난 사람에게 자기를 소개하는 사회 기술을 배우거나 압도·좌절·불안할 때 어떻게 정서를 조절하는지를 배움으로써 사회 기술 집단 경험은 또래와 잘 지내는 방법에 대한 이해를 촉진한다. 제5장에 소개된 많은 개입법은 사회 기술 집단에 유용하고, 다양한 사회 기술 집단을 이끌 때 적용할 수 있다.

M&M 감정 게임

이 놀이치료 기법의 목적은 개인·가족·집단 치료 회기에서 "오늘 나의 기분은 어떠한가?"에 관한 대화를 촉진하는 것이다. 이 활동은 어색한 분위기를 깨고 집단원들 간 라포 형성에 도움이 된다. 이 게임의 버전은 다양한데, 원작자는 알려지지 않았다.

준비물
M&M 초콜릿처럼 다양한 색깔의 캔디

진행 방법
1. 집단원들이 서로 얼굴을 바라볼 수 있게 둥글게 앉는다. 각 집단원에게 다양한 색깔의 캔디를 손에 가득 준다. 바로 먹지 않게 한다.

2. 손에 있는 사탕의 각 색깔과 관련하여 감정을 정하게 한다. 각 색에 대한 의미는 개인에게 달려 있다(예: 빨강 M&M은 화나는 감정).

3. 각 집단원은 돌아가면서 지난 며칠 동안 이 색깔(감정)을 느낀 경험을 말한다. 다른 집단원이 이 느낌이나 경험에 대해 끼어들거나 논쟁하지 않게 한다. 유사한 느낌을 경험했다면, 손을 들거나 손가락을 치켜 올린다.

4. 모든 집단원이 캔디를 사용해서 선택된 나머지 색깔/감정을 다 나눌 때까지 돌아가면서 계속 진행한다.

5. 선택된 캔디는 먹을 수 있다.

개리 박사의 치료적 쿠티 게임

1949년 쿠티(COOTIE) 게임은 소개된 이래 오천만 부 이상이 팔렸다. 이는 아동이 쿠티 벌레를 만드는, 학령전기에 적합한 게임이다. 이 게임은 모든 게임 파트를 묘사하는 그림판, 쿠티 몸(몸통, 머리, 더듬이, 주둥이, 눈, 6개의 다리) 그리고 주사위로 구성되어 있다.

쿠티 게임의 수정 버전은 일상생활에서 활용하는 보다 건강한 사회 기술을 배우는 치료적 요소를 소개하고 있다. 여기서 제시하는 버전은 사회 기술과 우울에 초점이 맞추어져 있지만, 다양한 문제와 도전을 다루기 위한 어떤 이야기도 쓰일 수 있다.

게임의 목적은 참가자 각 사람이 자신의 쿠티를 구성하는 것이다. 가장 먼저 구성하는 사람이 승자이다. 치료적 버전에서는 꼭 승자가 나올 필요는 없다. 목적은 이야기를 완성하는 것이다.

준비물
쿠티 게임

게임 규칙
몸의 각 부분이 몸통은 1, 머리는 2, 더듬이는 3, 눈은 4, 주둥이는 5, 다리는 6으로 규정된다. 게임을 시작하는 두 가지 방법이 있다. 각 참가자가 주사위를 한 번씩 던져서 높은 점수가 나온 사람부터 시작하거나 가장 어린 아동이 먼저 시작할 수 있다.

각 참여자는 '정해진' 지점에 굴려서 쿠티의 각 부분을 얻어야 한다. 성공한다면, 머리를 얻기 위해 주사위를 자유롭게 굴린다. 쿠티의 다른 부분을 붙이기 전에 반드시 몸통과 머리는 지명하여 얻어야 한다. 다리, 눈, 더듬이, 주둥이는 순서에 상관없이 얻을 수 있다. 몸통과 머리를 얻은 후에 다른 모든 것을 가질 수 있다. 참가자는 아직 얻지 못한 부분을 가지기 위한 숫자 굴리기에 실패한다면 주사위 차례를 놓친다. 예를 들어, 이미 눈을 갖고 있는 참가자가 4를 굴렸다면 다음 참가자에게 순서가 넘어간다. 아직 눈을 가지 못한 참가자가 4를 던진다면, 눈을 갖고 다시 주사위를 던질 수 있다.

쿠티를 완성하려면 몸통 1개, 머리 1개, 눈, 더듬이 2개, 주둥이 1개, 다리 6개를 얻어야 한다.

치료적 버전에서는 몸 부분을 얻을 때 순서대로 쿠티에 덧붙여져서 그럴싸한 이야기가 만들어져야 한다. 만일 순서에 맞지 않게 몸 부분을 얻으면(예: 주둥이를 얻기 전에 다리를 얻었다면), 그 부분을 가져오되 옆에 두었다가 나중에 덧붙인다.

진행 방법

1. 아동들이 둥그렇게 앉게 한다. 차례대로 주사위를 굴려서 가장 높은 수가 나온 아동이 게임을 먼저 시작한다. 시계방향으로 돌아가며 모든 아동이 차례를 얻는다.

2. 쿠티를 만들기 위해서는 사회 기술 이야기 지시를 따라야 한다.

3. 쿠티 벌레가 완성된 후에, 아동에게 다음과 같이 묻는다.

- 오늘 이 게임에서 어떤 부분이 가장 좋았나요?
- 오늘 이 게임을 하면서 어떤 부분이 가장 힘들었나요?
- 오늘 배운 사회 기술은 무엇인가요?
- 이번 주에 이 사회 기술을 어떻게 활용할 건가요?

사회 기술 이야기	주사위를 굴려서 '1'이 나오면 몸통을 얻고, 각 참가자는 "쿠티는 놀고 싶어."라고 말한다. 주사위를 굴려서 '2'가 나오면 머리를 얻고, 각 참가자는 "쿠티는 _____(참가자 동료, 또래 혹은 형제자매)와 놀고 싶어."라고 말한다. 참가자는 이제 순서에 상관없이 몸의 부분을 모은다. 그러나 다음 순서대로 쿠티에 덧붙여 간다. 눈을 얻으면, 각 참가자는 "쿠티가 말할 때 쿠티는 _____를 보려고 해. 쿠티는 _____가 이야기할 때 _____를 볼 거야."라고 말하고, 참가자는 쿠티에게 눈을 붙인다. 참가자가 이미 더듬이를 얻었다면 이제 덧붙일 수 있다. 더듬이를 얻으면 덧붙이면서 각 참가자는 "_____가 이야기할 때 쿠티는 주의 깊게 들을 거야."라고 말하면서 머리에 더듬이를 붙인다. 주둥이를 얻으면 각 참가자는 "쿠티는 놀이할 때 말을 조심하고 발과 손을 얌전히 둘 거야."라고 말하면서, 주둥이를 쿠티에게 덧붙인다.

4. 각 다리는 아동의 필요에 따라 기술, 지지를 보여 준다. 예를 들면, 다음과 같다.

- 다리 1: 쿠티는 "너는 나와 놀고 싶니?"라고 말합니다.
- 다리 2: 쿠티는 "그가 싫다고 해도 화내지 않고 놀이할 다른 친구를 찾을 거야."라고 혼자 말합니다.
- 다리 3: 쿠티는 "네가 손님이니 어떤 놀이를 하고 싶니?"라고 말합니다.
- 다리 4: 쿠티는 "너의 친구는 분명히 즐거울 거야."라고 혼자 말합니다.
- 다리 5: 쿠티는 "나와 놀아줘서 고마워. 나는 즐거웠어!"라고 말합니다.
- 다리 6: 쿠티는 "나는 오늘 차례를 잘 지키고 함께 잘 놀았어."라고 혼자 말합니다.

5. 각자의 쿠티가 완성된 뒤, 적절한 몸 부분을 지목하여 이야기를 반복해서 재진술한다. 다음은 우울한 아동을 위한 대안 버전이다.

주사위를 굴려서 '1'이 나오면 몸통을 얻고, 각 참가자는 "쿠티는 오늘 슬프고 지루하기 싫어."라고 말한다.

주사위를 굴려서 '2'가 나오면 머리를 얻고, 각 참가자는 "쿠티는 오늘 할 수 있는 세 가지 일을 생각할 거야."라고 말한다(치료자가 아동을 도와주거나 제안할 수 있다).

눈을 얻으면, 각 참가자는 "쿠티는 엄마(아빠, 선생님, 형제자매)를 안아 주고 싶어해."라고 말하고, 참가자는 쿠티에게 눈을 붙인다. 참가자가 이미 더듬이를 얻었다면 이제 덧붙일 수 있다.

더듬이를 얻으면 덧붙이면서 각 참가자는 "쿠티는 자기 생활에서 좋은 것 한 가지를 말해."라고 말하면서 머리에 더듬이를 붙인다(치료자가 한 가지가 뭔지 아동에게 묻거나 제안할 수 있다).

주둥이를 얻으면 각 참가자는 "쿠티는 음식 먹는 것을 좋아해. 내가 이번 주에 먹었던 가장 맛있는 음식은 _____이야."라고 말하면서, 주둥이를 쿠티에게 덧붙인다.

6. 다시 각 다리는 아동의 필요에 따라 기술이나 지지를 나타낸다. 예를 들면, 다음과 같다.

- 다리 1: 쿠티는 "나는 지루할 필요 없어. 나는 놀 거리를 찾을 수 있어."라고 말합니다.

- 다리 2: 쿠티는 "그가 종일 슬프게 지낼 필요 없어. _____하면 행복할 수 있어."라고 혼자 말합니다.

- 다리 3: 쿠티는 "내 삶에서 좋아하는 두 가지는 _____와 _____이야."라고 말합니다.

- 다리 4: 쿠티는 "내가 슬플 때 나를 도와줄 수 있는 사람은 _____이야."라고 혼자 말합니다.

- 다리 5: 쿠티는 "나는 아름다워. 그런 다음 정말 큰 목소리로 나는 아름다워라고 다시 말해!"라고 말합니다.

- 다리 6: 쿠티는 "나는 _____을 잘해."라고 혼자 말합니다.

7. 각자의 쿠티가 완성된 뒤, 적절한 몸 부분을 지목하여 이야기를 반복해서 재진술한다. 다음은 '먼저 듣기'에 중점을 둔 규칙을 지키지 않는 아동을 위한 이야기이다.

주사위를 굴려서 '1'이 나오면 몸통을 얻고, 각 참가자는 "쿠티는 우선 들어."라고 말한다.

주사위를 굴려서 '2'가 나오면 머리를 얻고, 각 참가자는 "쿠티는 오늘 엄마 아빠가 그에게 하라고 한 일이 무엇이었는지 생각하고 있어."라고 말한다.

눈을 얻으면, 각 참가자는 "쿠티는 엄마가 할 일을 이야기 할 때 엄마(아빠, 선생님) 얼굴을 봐."라고 말하고, 참가자는 쿠티에게 눈을 붙인다. 참가자가 이미 더듬이를 얻었다면 이제 덧붙일 수 있다.

더듬이를 얻으면 덧붙이면서 각 참가자는 "쿠티는 매우 주의 깊게 듣고 자기가 들었던 것을 반복할 수 있어."라고 말하면서 머리에 더듬이를 붙인다.

주둥이를 얻으면 각 참가자는 "쿠티는 오늘 들어야 할 것이 무엇인지 엄마(아빠, 선생님)에게 이야기해."라고 말하면서, 주둥이를 쿠티에게 덧붙인다. 치료자는 해야 할 것이 무엇일지 추측하도록 아동을 격려할 수 있다.

8. 앞서 언급했듯이, 각 다리는 아동의 필요에 따라 기술이나 지지를 나타낸다. 예를 들면, 다음과 같다.

- 다리 1: 쿠티는 "나는 양치질하기 싫지만 할 거야."라고 말합니다.

- 다리 2: 쿠티는 "나는 잠자리에 들고 싶지 않지만 잘 거야."라고 혼자 말합니다.
- 다리 3: 쿠티는 "나는 다시 먼저 들으려고 할 거야!"라고 말합니다.
- 다리 4: 쿠티는 "오늘은 먼저 듣기가 잘 돼."라고 혼자 말합니다.
- 다리 5: 쿠티는 "나는 좋은 하루를 보냈어, 먼저 듣기를 했거든."이라고 말합니다.
- 다리 6: 쿠티는 "나는 먼저 듣기를 잘해."라고 혼자 말합니다.

9. 각자의 쿠티가 완성된 뒤, 적절한 몸 부분을 지목하여 이야기를 반복해서 재진술한다.

'그것을 이해하기' 게임

'그것을 이해하기' 게임은 공감과 도덕성 발달과 같은 친사회적 기술을 발전시키고 연습할 수 있는 기회를 제공한다. 새로운 친구를 사귀는 법을 연습하고 적절한 대화에 참여하는 법을 배우게 된다. 아동은 각 아동이 만든 마시멜로 사람을 사용해 다양한 사회적 상호작용 역할극을 하게 된다. 마시멜로 사람을 손인형처럼 움직이면서, 서로 재미있는 놀이처럼 역할극을 할 수 있다. 마시멜로 사람을 '손인형'처럼 사용하는 아이디어는 리아나 로웬스타인(Liana Lowenstein)의 개입인 「나의 부모가 싸우면 나는 얼어붙어요」(Lowenstein, 2006)에서 비롯되었다. 이는 집단 안에서 매우 활발한 상호작용이 생기는 개입으로, 집단원들이 매우 키득거리고 다소 엉망이 될 것에 대한 대비가 필요하고, 힘든 작업 뒤에 맛있는 음식도 준비해야 한다.

준비물
커다란 마시멜로
막대 프레첼
데코용 펜
방수포(바닥이나 카펫을 보호하기 위한)

진행 방법

1. 아동들이 둥글게 앉도록 한다. 각 아동에게 6개의 큰 마시멜로와 10개의 프레첼을
   준다. 아동들이 바로 먹지 않게 주의를 준다.

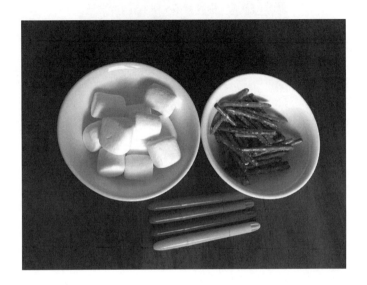

2. 아동에게 하나의 마시멜로를 가져와서 프레첼을 마시멜로 반쯤까지 끼우게 한다.
   두 번째 마시멜로를 프레첼의 다른 끝 쪽에 끼워서 아령 모양을 만든다.

3. 막대기 1개를 두 번째 마시멜로의 양 끝에 각각 꽂는다. 마시멜로 사람 팔이 좀 더 짧기를 원한다면 막대기를 반으로 잘라서 쓸 수 있다.

4. 다리를 만들기 위해 두 번째 마시멜로의 아래쪽 가장자리에 막대를 꽂는다.

5. 데코용 펜을 사용해서 마시멜로 꼭대기에 '얼굴'을 만든다. 프레첼 막대기를 반으로 잘라 몸통에 꽂아 꼭대기에 '머리'를 밀어 넣어 몸에 머리를 붙인다.

6. 옆에 두고, 두 번째 마시멜로 사람을 다시 완성하도록 한다(이제 아동마다 2개의 마시멜로 사람을 가지고 있다).

7. 회기에 주목하기 위해 집단을 친구와 두 명씩 짝을 짓도록 한다(필요하다면 세 명도 가능). 각 짝은 다양한 사회적 각본이 기술되어 있는 일련의 사회 단서 카드를 받는다. 이 카드를 읽은 뒤, 각 짝은 그들의 마시멜로 사람을 사용해서 어떻게 하는 것이 단서 카드에 적힌 각본에서 최선의 긍정적이고 친사회적인 방식인지 보여 준다.

8. 카드 게임을 마친 뒤 각 아동은 마시멜로 사람을 먹을 수 있고, 원한다면 집에 가져갈 수 있다.

사회 단서 카드

1.

조니와 세스는 학교 급식 시간에 탁자에 앉아 점심을 먹고 있어요. 그들은 탁자 끝에 조이가 혼자 앉아 있는 것을 봅니다. 그들은 어떻게 해야 할까요?

2.

사라와 제인은 쉬는 시간에 사방치기 놀이를 하고 있어요. 그들은 돌을 너무 세게 멀리 던져서, 뜻하지 않게 그들의 친구 중 한 명을 맞히게 되었어요. 그들이 친구의 기분이 나아지도록 도울 수 있는 방법 세 가지는 무엇일까요?

3.

자카리와 이사야는 유치원 시절부터 가장 친한 친구입니다. 최근에 이사야가 쉬는 시간에 다른 친구와 놀기 시작했어요. 그리고 자카리는 버려진 느낌을 받았어요. 자카리는 그의 친구와 이 상황을 어떻게 처리해야 할까요?

4.

엘리자는 학교에 새로 전학왔어요. 그녀는 자기소개를 할 때 매우 수줍어하고 긴장해요. 그녀가 새 친구를 사귀기 위해 사용해야 할 사회 기술은 무엇일까요?

5.

마리사는 제이크가 슬퍼보이고 쉬는 시간에 즐겁게 놀지 않는다는 것을 깨달았어요. 그녀는 그가 혼자 있고 운동장만 쳐다보고 있는 것을 보았어요. 제이크의 기분이 나아지도록 마리사가 도울 수 있는 일은 무엇일까요?

6.

메트와 미구엘은 교실에서 사미를 계속 괴롭힙니다. 사미는 여러 차례 그만두라고 했지만 소용없어요. 이런 상황에서 사미가 스스로를 돕기 위해 할 수 있는 일은 무엇일까요?

개리 박사의 캔디 랜드 '치료' 게임

　이 사회 기술 게임은 집단·가족치료에 탁월한 방법이다. 게임에서 참여자들이 보드를 돌아다니는 동안, 그들은 카드 무더기에 있는 질문에 대답하게 된다. 참여자들은 다시 뒤로 보내지거나 차례를 잃게 되는 끈끈이 사탕에 머물게 될지도 모르지만, 중단하지 않고 들으면서 차례대로 사회 기술을 연습하게 된다.

준비물
캔디 랜드 게임
제시 카드 묶음

진행 방법
1. 각 참여자는 자신의 게임 말을 정한다. 가장 어린 사람이 먼저 시작하고, 시계방향으로 돌아간다.

2. 참여자는 그들이 몇 칸을 앞으로 혹은 뒤로 움직여야 할지 게임 지시에 따라 정해진 방식으로 캔디 랜드 보드 위에서 움직인다.

3. 당신이 당신의 말과 같은 색깔의 사각형에 서게 되면, 카드를 뽑아 질문에 대답하거나 제시된 대로 행동한다. 예를 들어, 당신의 말이 빨간색이고 빨간 사각형에 서게 되면, 게임 제시어들로부터 질문에 대답해야 한다.

4. 캔디 랜드 성에 가장 먼저 도착하면 게임의 '승자'가 된다.

협력과 준수

1.
당신이 정말 싫어하는 규칙 하나를 말해 보세요. 그 규칙을 지켜야 하는 적절한 이유를 생각해 볼 수 있나요?

2.
나누거나 차례를 지키기 어려울 때는 언제인가요? 그것이 좀 쉬워지려면 어떻게 해야 할까요?

3.
당신이 처음으로 들어본 말들의 예를 말해 보세요. 스스로에게 "잘했어!"라고 말하세요.

4.
당신이 어른인 척해 보세요. 다른 참여자들에게 그들의 엄마나 아빠와 잘 지내는 좋은 방법을 말해 보세요.

5.
당신의 부모님은 당신에게 새로운 것을 시도하라고 하나요? 새롭게 시도해 본 것은 무엇이고, 그것을 좋아했는지 말해 보세요.

6.
당신이 누군가를 도와주고 있다고 가정해 보세요. 당신은 그들을 위해 무엇을 하고 있나요?

7.

왜 어린이는 우쭐대는 사람과 놀고 싶어 하지 않을까요?

8.

학교에서 바깥 놀이를 할 때 지켜야 하는 규칙은 무엇인가요?

9.

친구가 당신의 집에 왔을 때의 규칙은 무엇인가요?

10.

당신의 엄마를 화나게 하는 일은 무엇인가요?

11.

당신의 아빠를 화나게 하는 일은 무엇인가요?

12.

당신이 잔소리를 듣기 싫어하는 일 하나를 말해 보세요.

13.

왜 어린이는 자신의 장
난감을 빼앗기는 것을
좋아하지 않을까요?

14.

협력의 의미는 무엇인
가요?

불안

1.

당신이 두려워하는 것을 말해 보세요. 그것은 진짜인가요, 가정인가요?

2.

당신이 두려워할 때 누가 당신에게 말해 줄 수 있나요?

3.

(우리 집 밖의) 모임에서 누가 우리를 안전하게 하나요?

4.

당신이 두려워할 때 어른이 당신에게 어떤 말을 해 주었나요? 다음에 당신이 두려워질 때 스스로에게 그 말을 하면 도움이 될 것 같은가요?

5.

어떤 사람들은 당신이 두려움을 극복하기 위해서는 용감하게 행동해야 한다고 생각합니다. 당신이 두렵지만 용감하게 행동한 것에는 어떤 것이 있나요?

6.

당신이 정말 행복했을 때를 생각해 보세요. 당신이 두렵다고 가정하고, 당신이 정말 행복했던 때에 대해 말해 보세요. 다음에 당신이 두려워지면 도움이 될 거라고 생각하나요?

7.

당신이 두려워하는 것의 그림을 그려 보세요. 이제 왜 당신이 그것을 두려워하면 안 되는지 말해 보세요.

8.

당신이 아는 가장 행복하거나 우스운 노래를 불러 보세요. 당신이 두려울 때 그 노래를 부를 수 있을까요?

9.

당신이 두려워하는 것을 말해 보세요. 당신이 그 일로 두려워질 때 어떻게 하면 용감하게 행동할 수 있나요?

10.

당신이 두렵다고 가정해 보세요. 숨을 크게 쉬세요. 그 두려움을 천-천-히 불어 버리세요.

11.

당신의 집에서 가장 안전한 곳은 어디인가요? 눈을 감고 그 장소를 상상할 수 있나요?

12.

엄마가 소년을 남겨 두고 학교를 떠나서 소년은 힘들어요. 엄마는 그에게 자신의 어떤 특별한 것을 주고 갔어요. 그래서 소년은 엄마가 데리러 올 때까지 견딜 수 있었어요. 그것이 무엇이었을지 상상해 보세요.

13.

두려움을 느낀다는 것은 당신이 위험에 처해 있다는 단서일지도 몰라요. 당신이 마지막으로 두려웠던 때는 언제인가요? 어디에서 두려웠나요?

우울

1.

당신을 행복하게 만드는 것을 말해 보세요. 당신이 슬플 때 그 일을 할 수 있나요?

2.

당신이 슬플 때 누가 당신을 도울 수 있나요? 그들은 무엇이라고 말하나요?

3.

우습거나 행복한 노래를 불러 보세요. 그 노래를 부를 때 슬플까요, 기쁠까요, 화가 날까요 아니면 두려울까요?

4.

당신의 삶에서 당신이 정말 좋아하는 것을 말해 보세요.

5.

당신이 어떤 것을 계속 시도해서 마침내 해낸 적(이름을 쓰게 된 것, 수를 셀 수 있게 된 것)이 있었나요?

6.

실수를 해도 괜찮은가요?

7.

"나는 기분이 좋아!"라고 세 번 말해 보세요. 당신 자신에 대해 좋아하는 것은 무엇인가요?

8.

한 소년이 아무 재미없이 학교에 가고 있다고 생각해 보세요. 그에게 학교에서 무엇이 재밌을지 말해 주세요.

9.

한 소녀는 혼자 노는 것을 싫어해요. 당신이 혼자 놀게 될 때 당신은 어떻게 하는지 그녀에게 말해 주세요.

10.

한 소년이 슬퍼서, 가족에게 자신을 안아 달라고 했어요. 당신은 누구에게 안아 달라고 할 수 있나요?

11.

당신은 부모님을 위해 무엇을 만들 수 있나요? 당신이 그것을 부모님께 주었을 때 어떤 기분일까요? 슬플까요, 기쁠까요, 화가 날까요 아니면 걱정스러울까요?

12.

당신에게 일어났던 최고로 좋은 일은 무엇인가요?

13.

당신이 타임아웃되었다고 가정해 보세요. "나는 이것을 감당할 수 있어. 나는 좋은 사람이야. 나는 다음번에는 어려운 상황을 잘 버틸 거야."라고 말해 보세요.

사회 기술

1.

협력한다는 것은 나누고, 차례를 지키고, 다른 사람이 원하는 것을 하는 거예요. 당신은 협력적인가요?

2.

언제 협력하기 힘든가요? 어떻게 하면 좀 더 쉬워질까요?

3.

당신이 누군가와 놀고 싶을 때 당신이 할 수 있는 말은 어떤 것인가요?

4.

누가 가장 먼저 할지 결정하는 좋은 방법은 무엇인가요?

5.

언제 차례를 지키는 것이 좋을까요?

6.

당신이 누군가를 돕고 있다고 가정해 보세요. 당신은 그들을 위해 무엇을 하고 있나요?

7.

다른 참여자에게 가장 좋아하는 음식에 관해 물어보세요. 주의 깊게 듣고, 그들이 무엇이라고 했는지 말해 보세요.

8.

당신이 새로운 학생과 이야기하고 있다고 가정해 보세요. 당신은 어떻게 예의 있고 다정하게 말할 수 있을까요?

9.

다른 참여자에게 걱정되거나 문제가 되는 것에 관해 물어보세요. 그들이 말한 것을 말해 보고 그들의 문제에 관해 그들이 할 수 있는 일 한 가지를 말해 보세요.

10.

학교에서 바깥 놀이를 할 때 지켜야 하는 규칙은 무엇인가요?

11.

친구가 당신의 집에 왔을 때의 규칙은 무엇인가요?

12.

다른 사람에게 당신의 코에 점을 찍어 달라고 하세요. 그들이 눈 맞춤을 하는 것 같은가요?

13.

어떤 사람들은 함께 쓰기를 원할 때 무엇인가를 나눕니다. 나눌 수 있는 것들은 무엇일까요?

14.

어떤 사람들은 나눠 쓰기를 원할 때 무엇인가를 교환합니다. 당신이 교환할 수 있는 것들은 무엇일까요?

15.

다른 참여자에게 당신과 캔디 랜드 게임을 함께하자고 상냥하게 말해 보세요.

16.

하기 힘든 일은 어떤 것일까요? 다른 참여자에게 당신이 그 일을 할 때 도와달라고 부탁해 보세요.

17.

다른 참여자의 말을 잡습니다. 이제 그것을 돌려주면서, "미안해요. 다시는 그러지 않을게요."라고 말합니다.

낮은 좌절 인내력

1.

당신을 정말 화나게 하는 것은 무엇인가요? 화가 났을 때, 문제를 일으키지 않기 위해 당신은 어디에 갈 수 있나요?

2.

어떤 일이 너무 힘들 때 사람들은 화가 납니다. 당신이 화난 사람에게 "좀 쉬면서 진정해 보세요."라고 말한다고 가정해 봅시다. 그들이 얼마 동안 쉬어야 할까요?

3.

당신이 화가 났다고 가정해 보세요. 광란의 춤을 추며 그것을 모두 날려 버릴 기세로 몸을 흔드세요.

4.

어떤 사람들은 다른 사람을 비웃기를 좋아해요. "제발 나를 보며 비웃지 말아 주세요. 그것은 내 기분을 상하게 합니다."라고 말해 보세요.

5.

누군가가 당신을 비웃고 있고 그들은 멈추지 않는다고 가정해 보세요. 당신을 도와줄 수 있는 어른은 누구인가요?

6.

당신이 누군가를 때리려 한다고 가정해 보세요. "때리면 안 돼."라고 말하고 그 방의 다른 쪽으로 걸어가세요.

7.

당신이 정말 화났다고 가정해 보세요. 숨을 크게 쉬세요. 그 화를 천-천-히 불어 버리세요.

8.

당신이 정말 하고 싶지 않은 일 한 가지를 말해 보세요. 다른 사람에게 당신에게 그것을 하라고 말하라고 부탁하고, 당신은 그것을 하는 척해 보세요.

9.

"나는 내 차례를 기다릴 수 있어."라고 말하세요. 언제 당신의 차례를 기다려야 하나요?

10.

누군가 당신을 밀었다고 가정해 보세요. "하지 마."라고 말하세요. 한 어른이 "무슨 일이니?"라고 물을 때 무엇이라고 말할 건가요?

11.

당신이 욕실에 있다고 가정해 보세요. 이제 당신이 할 줄 아는 '상스러운' 말이나 쓰면 안 되는 말을 해 보세요.

12.

왜 어린이는 자신의 장난감을 빼앗기는 것을 싫어하는지 말해 보세요.

13.

어떤 어른들은 당신이 화가 날 때 무언가를 가볍게 치라고 말합니다. 당신이 칠 수 있는 가벼운 것은 어떤 것일까요?

14.

하기 힘든 일은 어떤 것일까요? 다른 참여자에게 그 일을 할 때 도와 달라고 부탁해 보세요.

15.

다른 참여자에게 진심으로 얘기할 어떤 것을 생각해 보세요. 그 참여자에게 그 말을 하게 하고 당신이 그것을 무시하는 척 해 보세요.

16.

당신이 생강맨 카드를 뒤집었는데 출발지점으로 돌아가게 되었다고 가정해 보세요. 당신은 이제 게임에서 지게 되었다고 가정해 보세요. 이 상황을 이겨 낼 좋은 방법을 보여 주세요.

돌멩이 친구들

  적절한 사회 기술의 부족으로 어려움을 겪는 아동과 십 대는 또래를 사귀고 우정을 유지하는 것 또한 힘들어한다. 특히 사회적 거절과 고립에 노출되었던 많은 아동은 친구 혹은 건강한 우정에서 정서적인 측면이 중요하다는 것을 진짜로 이해하지 못한다. 이 표현 미술 개입에서, 아동은 돌멩이 친구를 만들어 가면서 어떻게 친구를 사귀고 우정을 유지하는지, 무엇이 진정한 우정인지, 어떻게 긍정적 사회 기술을 다른 사람에게 사용할 것인지에 대해 논의하고 이해하기 시작할 수 있다.

준비물
다양한 모양과 크기의 돌
접착제
눈알 스티커
다양한 색깔의 물감
물감 붓(아동 인원에 맞춰)
'친구란 무엇인가?' 유인물

진행 방법
1. 각 아동이 자기가 좋아하는 각기 다른 돌멩이를 몇 개씩 주워 온다. 각 돌멩이의 질감이 어떤지, 돌멩이에서 그들이 볼 수 있는 색은 무엇인지, 그리고 어떤 크기의 돌이 자기 손에 가장 잘 맞는지 등을 살펴보는 시간을 갖는다.

2. 각 아동이 자기 돌멩이에 칠하고 싶은 색깔의 물감을 선택하게 한다. 각 아동에게 붓을 주고 돌멩이 전체에 물감을 칠하도록 한다. 이것은 아동들에게 어떻게 서로 나누고 순서를 기다릴지 알려 주는 좋은 시간이 된다.

3. 물감칠을 다 하면, 돌멩이를 탁자 위에 올려놓고 마르기를 기다린다.

4. 아동들에게 둥그렇게 앉도록 한다. 돌멩이가 마르면, 탐색하는 시간을 갖고 어떻게 친구를 만들지에 관한 주제를 진행한다.

5. 집단에게 친구란 무엇인가에 관한 교육을 제공한다. 친구는 착하고, 신뢰할 만한 누군가라는 것을 집단에게 교육하는 것으로 대화를 시작하는 것이 그들에게 스스로에 대해 더 잘 느끼고 좋은 결정을 하도록 독려하는 데 도움이 될 것이다. 다음과 같은 질문을 한다.

- 친구란 무엇인가요?
- 좋은 친구를 어떻게 만드나요?
- 친구의 세 가지 자질은 무엇인가요?
- 누군가가 친구라는 것을 어떻게 아나요?
- 다른 사람에게 좋은 친구가 되려면 당신은 무엇을 할 수 있나요?
- 당신은 좋은 친구인가요?

6. 돌멩이가 다 마르면, 각 아동은 돌멩이 친구를 만들 수 있다. 이것이 사람일지, 동물일지 아니면 생물일지 각 아동이 결정한다. 그들은 눈을 붙이거나 (친구가 무엇인지뿐 아니라) 좋은 친구가 되려면 어떻게 해야 하는지를 기억하는 데 도움이 되도록 돌멩이를 꾸민다.

7. 아동은 '친구란 무엇인가?' 유인물과 함께 돌멩이 친구를 집으로 가져갈 수 있다.

친구란 무엇인가? 유인물

F=Friendly(친절한)

R=Respectful(존경스러운)

I=Includes me and others(나와 다른 사람을 수용하는)

E=Enjoyable(즐거운)

N=Nice(착한)

D=Dependable(의지할 수 있는)

이 길을 걸어라

　우리의 세계는 신발에 대한 상징과 은유가 풍성하다. 신발은 종종 신는 사람의 성격을 표현하고, 우리를 '아름다운' '영웅 같은' '섹시한' 혹은 '자신감' 있는 사람으로 보이도록 변화시킬 수 있다. 가장 중요한 것은 신발은 기억을 담고 있다. 우리의 신발은 우리가 걸어온 길을 걸어 왔다. 신발의 천에 우리 삶의 여정에 대한 기억을 담고 있다. 신발은 그 안에 우리의 '혼'을 실어나른다고 일컬어진다. 신발은 우리 삶의 걸음걸이의 '증인'이다.

　이 표현적 미술 '신발' 개입은 집단·가족·개인 치료에 사용될 수 있다. 각 사람이 '그들의 신을 신고 걸어보기'를 통해 각기 다른 관점으로 서로를 경험해 보는 멋진 방법이 될 것이다. 각 구성원이 걸어온 길을 존중하면서 공감이 촉진될 수 있다. 창조적인 미술, 쓰기, 움직임, 음악 그리고 상상이 이 개입에 사용된다.

준비물
각 사람마다 오래된 신발 한 켤레

글루건

천 조각, 모루, 눈알 스티커, 건축 종이, 잡지 등 다양한 표현 미술 재료

가위

MP3 장치나 유사한 음악 기기와 스피커

스마트폰과 이어폰(헤드폰)

진행 방법
1. 각 참여자에게 작품에 사용될 오래된 신발 한 켤레를 가져오게 한다. 집단 참여자들에게 경제적인 어려움이 있다면 이 개입을 위해 낡은 신발을 선택해서 제공해도 좋을 것이다.

2. 모든 사람에게 그들이 가져온 신발을 신도록 하면서 집단을 시작한다. 신발에 대한 상징과 은유에 관해 나누면 집단이 용이해진다.

우리의 문화는 신발과 재미있는 관련을 가지고 있어요. 우리는 신발에게 우리의 마음이 갈망하는 곳으로 우리를 데려다주거나 우리에게 육상 영웅의 힘을 줄 수 있는 마술적 힘을 부여해 왔습니다. 신발은 다양한 숙어에도 사용됩니다. '오래 신은 신발처럼 익숙하다.' '잠시 누구의 후임이 되다.' '그들의 입장이 되고 싶지 않다.' '다음에 무슨 얘기를 할지 기다리다.' '상대의 입장이 되다.' '그 말이 옳다고 생각되거든….' 혹은 당신은 '시작한 일을 계속 할 겁니다.' 등에 사용됩니다. 『신데렐라』, 『장화신은 고양이』, 『오즈의 마법사』, 『대가족』, 『분홍신』 등 신발과 관련된 이야기도 굉장히 많지요. 신발과 관련된 노래만 해도 최소한 50곡이 넘습니다. 우리에게는 노래만큼 많은 신발 관련 영화도 있습니다. 몇 개만 언급하자면 〈Like Mike〉, 〈Kinky Boots〉, 〈Back to the Future〉, 〈Footloose〉가 있습니다.

3. '신발'에 대한 논의를 마치면 이제 움진인다. 신발과 관련된 노래를 틀고 모든 집단이 음악에 맞춰 춤을 추도록 한다. 예를 들어, 필자는 〈Footloose〉를 틀 것이다.

4. 집단원에게 편안한 자세로 앉아 숨을 깊게 쉬고 눈을 감게 한다. 그들로 상상의 연습을 하도록 이끈다. 다음과 같은 질문을 한다.

- 신발과 관련된 첫 번째 기억은 무엇인가요?
- 신발을 신고 어떤 경험을 했나요?
- 신발로 어떤 길을 걸었나요?
- 신발이 증인이 되어 준 경험이 있다면 무엇인가요?
- 당신의 신발이 말할 수 있다면, 그들의 영혼에게 뭐라고 말하고 싶나요?
- 당신의 신발로 어떤 일을 '시작해 본' 경험은 무엇인가요?
- 당신의 신발은 춤을 추었나요?
- 당신의 신발이 경험한 재미있는 일은 무엇인가요?
- 당신의 신발은 앞으로 어떤 길을 걸을 건가요?

　　(필자는 표현 미술은 은유로 말하는 것이 중요함을 발견하였다. 은유를 사용함으로써 심리적 거리가 유지되고, 종종 더욱 창조적이고 자발적으로 만들 수 있다. 신발과 신발 여행에 관한 이야기는 자신의 개인적 여정에 관해 이야기하는 것보다 더 쉽고 덜 취약하다.)

5. 상상이 끝난 뒤, 모두 자기 신발을 '개조'하게 한다. 가능한 미술 재료를 사용해서, 각 사람이 그 신발이 통과해 온 경험을 보여 주기 위해 신발을 '개조'해 보게 한다. 이 개입에 많은 시간을 허용한다. 창조적 경험을 촉진하기 위해 가능한 다양한 미술 재료가 사용되는 것이 좋다.

6. 신발을 가지고 하는 표현 미술 개입이 끝나면, 각 참여자는 스마트폰이나 인터넷을 사용해서 그들의 신발과 어울리는 노래를 한두 곡 찾는다. 각 사람이 헤드폰을 사용해 선택한 음악을 들으면서 개조된 신발을 바라본다.

7. 음악을 다 들은 뒤, 각 사람에게 그들의 신발에 관한 이야기를 시를 짓게 한다.

8. 집단원이 짝을 지어서 개조된 신발, 노래, 시에 관해 이야기를 나누게 한다. 나눔에 많은 시간을 허용한다.

9. 나눔이 끝나면, 집단원이 다 함께 모여 돌아가면서 집단과 그들의 신발에 관해 이야기를 나눈다. 집단이 나눔을 하는 동안, 신발에 관한 다른 노래를 튼다. 예를 들어, 〈Boogie Shoes〉를 틀고 나눔을 하는 동안 음악에 맞춰 '움직'이도록 한다.

10. 개입 말미에 신발을 다 함께 모아서 그들이 동의하는 어떤 종류의 이미지로 만든다. 어떤 모양이나 형태(하트 모양처럼)도 될 수 있다. 집단이 함께 경험한 것을 존중하고 기억하기 위해 신발 사진을 찍는다.

이 개입은 매우 강력한데, 각 사람을 지지하고 창조와 나눔을 위해서는 충분한 시간이 필요하다. 필자가 한 것을 사용해 당신도 즐길 수 있기를 바란다. 이 표현적 미술 개입을 만든 이래로 필자의 신발을 같은 방식으로 바라보지 않는다. 필자가 테니스화를 신었을 때도, 필자는 마술적 느낌을 통해 갑자기 나 자신이 농구를 하는 마이클 조던처럼 덩크슛을 하는 모습을 볼 수 있다.

제11장
외상/PTSD
놀이치료 개입

몸은 놀이로 치유되고,
마음은 웃음으로 치유되며
영혼은 기쁨으로 치유된다.

−속담

　　질병관리예방센터(The Centers for Disease Control and Prevention: CDC) 통계에 따르면, 미국 아동은 모든 종류의 복합 외상에 노출되어 있음을 경고받고 있다. CDC에 따르면, 미국인 다섯 명 중 한 명은 아동기에 성추행을 당하고, 네 명의 아동 중 한 명은 흉터와 멍이 남을 만큼 부모에게 맞으며, 세 커플 중 한 커플은 신체적 폭력을 쓰고, 네 명의 아동 중 한 명은 알코올 중독 부모가 있고, 여덟 명의 아동 중 한 명은 자기 어머니가 맞는 것을 목격한다(van der Kolk, 2015). 외상은 자연적인 형태나 인간으로부터 기인한 재앙 모두에서 경험될 수 있는데, 예컨대 홍수, 토네이도, 허리케인, 유괴, 강간, 살인, 부모의 자살과 같은 폭력적 범죄, 자동차 충돌, 예상치 못한 죽음이나 질병, 이혼, 부모의 파견 근무, 유기, 방임, 애완견의 상실, 정서적 학대, 전쟁, 지역사회 폭력 등이 있으며, 아동이나 성인이 완전히 무기력해지거나 정서적으로 압도되게 만드는 무수한 다른 상황에서도 일어난다.

외상은 갑작스럽고 압도적인 강렬한 강타, 혹은 외부로부터 개인에게 타격을 주는 일련의 강타로 개념화될 수 있다(Terr, 1992). 이러한 사건은 예기치 않게 어떠한 경고도 없이 오는데, 완전히 무기력한 희생자를 남기고, 통제감 상실의 쇠약한 느낌을 경험하게 한다. 개인적인 대처 전략은 완전히 압도되고, 투쟁/도피 반응의 기본적인 방어기제가 실패하게 된다. 외상에 관한 베셀 판데르 콜크(Bessel van der Kolk)의 2016년 연구에서, 성공적인 투쟁 혹은 도피 반응의 부족은 아동이나 개인을 얼어붙는 상태로 만들고, 움직일 수 없거나 얼어붙는 느낌을 갖도록 한다는 것을 밝혔다. 만일 아동이 외상적 경험을 하는 동안 해리된다면, 판데르 콜크의 연구는 이것이 이후 외상 후 스트레스 장애의 주요한 예측 인자가 된다는 것을 함의하고 있다.

외상 증상	• 플래시백 • 야뇨 • 유뇨증/유분증 • 침습적 사고 • 공황 발작 • 공격성, 분노 폭발	• 악몽 • 성적 반응성 • 극단적 매달림: 혼자 남겨지는 거부 • 유의미한 행동 변화 • 안전에 대한 염려, 위험에 몰두 • 등교 거부와 회피

DSM-5에서 외상 후 스트레스 장애(PTSD) 진단에 몇 가지 변화가 있었다. 가장 명시적인 변화는 PTSD가 (불안장애에 포함되어 있다가) 스트레스와 외상 혹은 관련 장애의 자체적인 장으로 들어왔다는 것이다. 변화는 또한 소아 발현을 포함하는 것인데, 과거 DSM이 요구했던 사건의 인지적 기술보다는 행동에서의 관찰 가능한 변화에 더 주목하게 됐다는 것이다(APA, 2014). DSM-5 진단 기준은 재경험, 회피, 부정적 인지와 기분, 각성을 포함하는 네 가지 진단적 증상에 집중된다.

아동의 경우, 활발한 재경험은 전형적으로 그들의 놀이에서 증폭된다. 많은 아동은 그들의 장남감을 가지고 반복적으로 외상 상황을 반복하고, 그림을 그리거나 걸러지지 않은 이야기를 아무에게나 말하는 등 외상 후 놀이에 몰두할 것이다. 예를 들어, 어린아이는 가게 점원, 우편 배달부, 거리를 걸어가는 낯선 사람, 운동장에서 놀고 있는 아이 등에게 "우리 엄마가 총에 맞아서 피가 엄청 많이 났는데 피가 온 사방에 있어."라고 말하곤 한다. 놀이나 언어적 표현을 하는 동안, 아동의 감정은 무덤덤해지고 눈동자는 초점이 없다. 그들은 시간과 장소의 틀을 잃고 적극적인 재경험의 상태에 있는 것으로 보인다. 아동의 놀이가 불안을 (감소시키기보다) 증가시킨다면, 의식화되고 반복된다면, 멈추거나 주의를 돌리지 못한다면, 이는 아동이 외상 후 놀이에 참여하고 있다는 좋은 지표가 된다.

회피는 사람들이 경험한 외상의 공포로부터 자신을 보호하기 위해 가동시키는 방어기제이다. 아동도 회피를 사용하지만, 회피의 징후는 성인들과는 다를 것이다. 아동은 외상 사건 이후 함께 놀기를 거절하거나, 놀이 동안 조절이 매우 어렵다. 아동은 관련된 사람에 관해 이야기하기를 피하고, 학교에 가지 않으려고 하거나 활동을 거부하며, 양육자를 잠시도 떠나지 못하게 하고, 잠시라도 분리되면 분노와 폭발을 보인다.

인지와 기분의 변화는 외상에 대한 책임에 대해 말하는 아동의 모습에서 관찰된다. 예를 들어, 아동은 "그가 나의 은밀한 부분을 만진 건 내 잘못이에요. 그가 그것은 내 잘못이라고 말했어요."라고 말할 수 있다. 아동은 자신이 외상의 원인이 되었다고 믿는다. 예를 들어, 한 아동은 "나는 아빠에게 화가 나서 나는 아빠가 싫다고 말했어요. 그런 다음 그 차가 우리에게 달려들었고 아빠가 다쳤고 죽었어요."라고 말한다. 다른 사람들이나 이전에 즐기던 활동으로부터 소원해지고 철회하는 것은 기분과 인지의 변화의 추가적인 증상이다(APA, 2014).

아동과 십 대에서의 각성은 성인의 반응과 유사하게 나타난다. 그러나 거기에는 발달적 차이가 있다. 조절 불능, 높은 경계심, 현격히 증가된 불안, 두려움, 악몽, 과잉활동성, 충동성 그리고 위험 감수, 수면 장해 등이 모든 것이 각성의 지표들이다(DSM-5는 투쟁과 도피의 측면 모두 PTSD 진단 기준과 관련되어 있다고 보고 있고, 이는 이전의 DSM-IV와 달라진 점이다).

뇌와 발달에 미치는 외상의 영향

외상이 뇌에 미치는 영향을 이해하는 것이 중요한데, 이것이 행동과 정서를 유의미하게 변화시키기 때문이다. 뇌 안에서 어떤 일이 일어나는지 이해하지 않는다면 임상가는 외상을 잘못 진단하기 쉬운데, 즉 아동과 십 대에게 보이는 외상의 행동적 증상을 주의력결핍과잉장애(ADHD), 불안행동장애(CD), 그리고 반항성장애 (ODD)를 포함하는 많은 다른 정신 장애로 보게 된다. 이전 장에서 논의했듯, 임상 가는 이 장애를 다룰 때 행동에서의 바람직하지 않은 변화가 일어나는 근본 뿌리를 반드시 평가해야 한다.

외상이 일어날 때, 우뇌는 '범람하게' 되는데, 반면 전대상피질로 알려진 좌뇌는 변연계를 조절하는 뇌의 일부로서, 제한되고 효과적으로 차단된다. 다니엘 시걸은 이를 변연계가 당신 뇌의 사고 부분을 납치해서 '너무 화가 난 상태'라고 언급한다 (Siegel & Bryson, 2012). 의미 과정과 말의 발화를 돕는 뇌의 부분인 브로카 영역의 감소된 활동성은 사고와 감정을 소통하는 능력을 감소시킨다. 많은 외상 희생자는 사건이 일어나는 동안 혹은 치료에서 그 사건이 진행되는 동안 '말 없는 테러'의 느낌을 보고한다. 이런 것의 예는 다음의 내담자 보고에서 볼 수 있다. "나는 도와달라고 소리 질렀어요! 나는 '멈춰!'라고 소리 질렀어요. 나는 내가 할 수 있는 한 가장 크게 소리 질렀지만 어떤 소리도 내 입에서 나오지 않았어요." 연구자들은 이는 뇌의 이러한 영역에 활동성이 감소한 데서 기인한다고 믿는다(Solomon & Heide, 2005; van der Kolk, 2006; van der Kolk 2015).

이는 우리가 외상을 상기시키는 것이나 사건의 촉발물에 노출되었을 때도 우리 뇌에서 동일하게 일어난다. 1999년 이래, 연구자들은 외상을 상기시키는 것에 노출되었을 때 기술을 이용해 뇌를 효과적으로 들여다볼 수 있게 되었다. 판데르 콜크는 살아 있는 사람의 뇌에서 외상의 영향을 관찰할 수 있도록 PET 스캔을 활용한 최초의 외상 연구자 중 한 사람이었다. 이러한 연구는 우리가 외상을 이해하고 다루는 방식에 변화를 가져왔는데, 발달 중인 뇌에서뿐 아니라 성인의 뇌에 대해서도 외상의 영향에 관한 우리의 발전적 지식을 갖게 했다.

'변연계 납치'가 일어남에 따라, 앞서 계획하는 능력을 다루는 뇌의 영역이 그들의 행동의 결과를 내다보고, 부적절하게 반응하는 것으로부터 스스로를 보호하기 위해 스트레스하에 있을 때는 덜 활동하도록 한다. 성인을 포함한 많은 아동은 이러한 일이 일어날 때 반응적으로 혹은 충동적으로 행동한다. 외상 경험은 정보를 처리하는 뇌의 용량을 압도할 수 있고, 이는 뇌 구조에 영향을 줄 수 있으며, 기억, 학습 및 감정 조절 능력, 사회적 발달, 심지어 도덕적 발달에도 영향을 줄 수 있다

(De Bellis et al., 1999). 그들을 둘러싼 세계를 안내하고 이해하기 위한 아동의 능력이 손상받았다는 것은 중요한 일이다. 외상의 끝나지 않는 영향을 받는 아동은 너무 자주 가혹한 측정, 사회적 고립, 거부를 경험하며, 학교와 사회적 세팅 그리고 가정 환경에서조차 의도치 않게 외상에 노출된다. 학교에서 외상적 반응을 경험하는 많은 아동은 지장을 주고, 저항적이고, 정서적으로 불안정하다고 치부되어 교실 한편이나 다른 교실로 보내지고, 그럼으로써 또래로부터 소외되고 아동기에 통과해야 할 '정상적인' 경험을 하지 못하게 된다.

외상 경험의 일화적 기억은 그 사건이 온전히 진행될 때까지 우뇌 변연계에 언제까지나 저장된다. 이것은 외상 경험의 이미지, 끔찍한 생각, 감정, 몸의 감각, 소리, 냄새 등으로 재경험된다. 이는 대개 플래시백 동안 진행되는데, 시간과 장소의 정향성을 잃고, 똑같은 냄새를 맡고, 똑같은 소리를 듣고, 몸의 접촉 감각을 경험하며, 심장이 옥죄거나 뛰고, 마치 실제적인 외상의 순간과 똑같은 정서를 느끼는 등 모든 것이 다시 그대로 일어나는 듯한 외상 경험을 하게 된다.

신경심리학과 신경촬영법 연구는 외상 희생자들이 고군분투하는 문제 영역을 보여 준다.

- 정신 집중
- 주의 집중
- 기억
- 현재에 온전히 머물기

이는 아동기에 흔히 진단되는 다른 진단 영역과 유사하지 않은가? 외상을 입은 개인들은 종종 정서가 압도되고 물리적이든 정서적으로 그들이 어떻게 느끼는지, 그들이 무엇이 필요한지 깨닫지 못하는 상태에 직면한다. 판데르 콜크는 이를 감정표현 불능증(Alexithymia)이라 언급하였는데(van der Kolk, 2015), 이는 특징적으로 신체적 감각과 근육 활동이 무능력해지는 상태이다.

감정표현 불능증이 어떻게 보일 수 있는지에 대한 예로, 슬픔이나 상실의 한복판에 있는 많은 개인이 입맛도 없고, 때로는 며칠씩 먹지 않는 경우에서 찾을 수 있다. 이런 개인들은 정보를 전달하는 뇌와 연결이 끊어져 배고프다는 몸의 사인을 인식하지 못한다. 이런 일이 일어나면, 그들은 스스로와 다른 사람을 돌볼 수 없게 된다. 그들은 자신의 정서를 내적으로 조절할 수 없기 때문에 종종 작은 일에 짜증을 내고 다른 사람을 비난하거나 작고 사소한 일로 분노를 폭발하게 된다.

아동에게 일어나는 외상의 영향

아동에게 일어나는 가장 파괴적인 영향 중 하나는 세상에 대한 믿음이 바뀐다는 점이다. 아동은 세상이 안전하지 않고, 부모도 자신을 보호해 줄 수 없거나 보호해 주기를 택하지 않았다는 신념을 갖게 된다. 이것이 부모-자녀 관계에 미치는 주요한 충격이며, 애착 유형에 엄청난 영향을 준다. 부모가 자녀를 보호할 수 없다면, 전체 가족 체계는 무력해진다. 그러나 아동이 부모가 자신을 보호하기를 택하지 않았다고 믿는다면, 이는 전체적인 무력감과 절망이라는 다른 느낌을 만들어 간다.

아동은 종종 취약함에 맞서 방어하기 위해 소위 생존 기술이라는 건강하지 않은 대처 전략이 발달한다. 이는 외상적 사건으로 이어지는 알려지지 않은 두려움에 맞서 아동을 보호해 주도록 돕기 때문에 유의하게 강화된다. 알려지지 않은 것에 맞서 보호하기 위해 그들의 환경, 관계 그리고 자기를 조정하려고 고군분투한다. 임상가들은 그들의 생존 기술을 '제거하기' 위해 미성숙한 시도를 하거나 아동에게 그 기술을 사용하지 않도록 제한하는 것은 현명하지 않다고 보며, 오히려 시간을 들여 아동이 자신의 삶에 사용할 수 있는 건강하고 적응적인 대처 전략인 삶의 기술을 가르치는 작업을 할 것을 추천한다.

외상으로부터의 치유

각 아동은 치료 과정에서 필요한 것이 모두 다르다. 그러므로 외상 치료에 있어서 일률적인 접근을 하지 않는 것이 중요하다. 앞서 언급한 대로, 다음과 같은 몇 가지 중요한 단계가 필요하다.

• 안전한 장소 만들기

- 치료적 관계에서 신뢰감 형성하도록 돕기
- 건강하고 긍정적인 대처 기술을 평가하고 증가시키기
- 자신의 이야기하기
- 부모-자녀 신뢰/애착 증대하기
- 자신이 지금 누구인지 외상 후 자기에 대해 이해하기

안전한 장소 만들고 치료적 관계에서 신뢰감 형성하기

외상을 경험한 아동에게 놀이실이 안전하다는 것을 배우게 하기 위해 몇 번의 놀이치료 회기를 가질 수 있다. 어떤 아동에게는 '안전한' 혹은 '안전'의 개념이 낯선 것일 수 있는데, 그들의 삶을 통해 양육자나 성인과의 상호작용과 관계에서 한 번도 안전을 경험해 본 적이 없을 수 있다. 그들의 현실은 성인은 그들을 해칠 수 있고, '안전' 같은 것은 존재하지 않는다. 이들과 모든 아동에게는 건강한 조절감을 서서히 주는 것을 시작으로, 아동이 선택할 수 있게 하는 것이 매우 중요하다.

안전한 장소 만들기를 원하는 치료자를 위한 세 가지 '원칙'	1. 아동 뒤에서 걷지 않고, 당신 뒤에 있는 문을 닫지 않는다. 처음에는 아동 앞에서 걸어가 놀이실에 먼저 들어가거나 아동 옆에서 걸어가 함께 들어가는 것이 치료를 시작하는 나은 방법이다.
	2. 아동이 놀이실 문을 열거나 닫기 원한다면 그렇게 하게 한다.
	3. 첫 번째 치료 회기에 아동이 혼자 들어가기 원하는지, 아니면 부모 혹은 양육자와 함께 들어가기 원하는지 선택하게 한다.

놀이실이 안전한 장소가 되게 하고 치료적 관계를 맺는 방법 중 하나는, 당신이 "안녕" 하고 인사하고 당신을 소개하는 바로 그 순간에 내담 아동에게 어떻게 접근하느냐에 달려 있다. 필자는 놀이실에 걸어가는 것조차 미리 아동에게 선택권을 준다. 필자는 부모나 양육자와 떨어져 혼자 들어갈지, 그들과 함께 들어갈지 아동에게 묻는다. 이는 많은 아동이 체면을 구기지 않으면서 안도하게 되고, 필자를 두려워하거나, 그들에게 안전한 사람이 대기실에 남아 있을 필요가 없다는 것을 배우게 된다. 필자가 유의한 외상을 경험한 어린 아동이 되어 본다면, 낯선 여인과

낯선 장소에 홀로 들어가 문이 닫히고, 이 낯선 건물에서 그가 나를 위해 무엇을 하려는 것인지 무기력하게 남겨지는 일은 미뤄 두고 싶을 것이다.

아동을 놀이실에 데리고 갔을 때, 당신은 몸 사용과 몸 언어에 주의해야만 한다. 놀이실에서 당신의 내담자를 따라다니거나 그들 뒤에서 문을 닫으면 안 된다. 이것은 매우 촉발 사건이 될 수 있고, 아동에게 안전을 만들어 주려는 의도에 반하게 된다. 아동을 초대하는 또 다른 방법은 아동 앞에서 걸어 들어가 방에 들어오는 아동을 환영하거나 옆에서 나란히 걸어가 놀이실에 함께 들어가는 것이다.

안전감을 만드는 다음 단계는 아동에게 또 다른 선택을 허용하는 것이다. 아동은 놀이실 문을 열어 놓기를 원할까, 닫기를 원할까? 일부 임상가는 이 질문에 주저하게 될 것인데, 문이 열려 있으면 아동의 비밀이 보장되지 않을까 봐 두려워한다. 그러나 다른 사람이 놀이치료 회기를 볼까 봐 걱정하는 것보다는 시작부터 그들의 두려움을 조절하고 감소하는 건강한 감각을 갖는 것이 아동에게 더 중요하다고 말하고 싶다. 대다수의 외상 아동은 그들을 보호해 줄 것이라 믿었던 이들의 손으로 그들 뒤에서 문이 닫히는 경험을 했다는 점을 기억한다. 마찬가지로, 아동 및 보호자와 이 문제를 논의하고 그들의 안심 수준과 이해를 알아내야 할 것이다.

안전을 만드는 세 번째 단계는 아동이 이해할 수 있는 단어로 첫 번째 회기에 비밀보장과 비밀보장의 한계에 대해 논의하는 것이다. 이는 아동에게 임상가로서의 당신에게 무엇을 기대해야 할지 알게 하고, '내가 만일 얘기한다면 어떤 일이 일어나지?'에 관한 불안이 감소하도록 하는 데 도움이 될 뿐만 아니라 아동에게 어려운 일에 관해 그들에게 말해도 괜찮다는 안도감을 주고, 그것이 치료의 과정이며, 당신이 그들을 신체적·정신적·성적·정서적으로 안전하게 도와줄 것이라는 것을 알게 하는 데 도움이 된다. 초기 몇 회기를 아동중심 치료로 진행하는 것 또한 아동이 조절감을 느끼고 놀이치료의 속도를 조절할 수 있도록 하며, 아동에게 그 장소와 시간이 자신을 온전히 탐색하고 표현하도록 허용되어 있다는 것을 알게 한다(Landreth, 2002). "우리가 문제에 집중하면, 아동의 시각을 잃게 된다."는 랜드레스의 중요한 당부의 말을 기억하도록 하자(Landreth 2002, p. 85).

외상 신념 평가하고 확장하기

아동의 생존 기술을 평가할 때, 아동의 생존 기술이 무엇이고 그들이 어떻게 행동적으로 드러내는지에 관해 심리교육을 제공하기 위해서는 부모나 양육자와 지속적으로 의사소통하는 것이 중요하다. 이는 부모가 걱정하는 것을 얘기할 기회가 되고, 부모의 기분을 상하지 않게 지지를 제공하는 기회가 된다. 아동의 외상 신념('이것은 모두 내 잘못이야.' '모든 아이가 나를 아프게 할 거야.' '나는 결코 안전하지 않아.')은 그들의 의식적·무의식적 사고에 침투된다. 그들은 더 이상의 정서적 고통으로부터 자신을 보호하기 위해 행동적으로 드러낼 것이다.

치료적 관계가 형성됨에 따라, 놀이치료자는 아동의 생존 기술이 무엇인지 드러내도록 도울 수 있고, 촉발되거나 압도될 때 사용할 수 있는 적응적 대처 전략을 배울 수 있도록 한다. 이 과정은 아동이 치료자를 신뢰하는 법을 배우면서 서서히 일어난다. 치료자가 외상 신념에 대해 "나는 네가 왜 이런 방식으로 느끼는지 이해할 수 있어." 혹은 "그건 말이 된다."처럼 지지적 말을 제공하면서 정상화하고 정당화해 주는 것이 중요하다. 아동은 임상가에 의해 수용되고 정당화된다고 느꼈을 때만이 변화를 받아들이기에 충분한 신뢰감이 형성되고 치유가 시작된다. 이 단계에서 치료자는 아동과 외상 신념을 재구조화하는 작업을 한다. 이것의 예는 아동이 초기에 믿었던 '모든 아이가 나를 아프게 할 거야.'가 될 수 있다. 치료자는 부드럽게 아동이 이 신념을 '존은 나를 아프게 했지만, 그게 모든 아이가 나를 아프게 할 거란 걸 의미하지는 않아.'로 재구화하도록 돕는다.

자신의 이야기하기

아동은 그들의 이야기를 할 필요가 있다. 그러나 이것이 초기에 보이는 의뢰 문제였던 '그' 외상 이야기일 필요는 없다. '성인' 이야기의 예는 성적 학대로 치료에 의뢰된 어린 소녀가 될 수 있다. 어른의 관점에서 무엇이 '그 외상'이냐는 것이다. 그러나 아동이 한번 자신의 이야기를 하기 시작하면 그 외상은 꽤 많이 달라지게 될 것이다. "나는 엄마에게 아빠가 내 은밀한 곳을 만졌다고 말했지만, 엄마는 나를 믿지 않았어요, 엄마는 내가 거짓말쟁이라고 했어요."라고 폭로하면서 자신의 이야기를 하는 아동을 생각해 보자. 이제 그 외상 이야기가 어떻게 변하는지 주목해 보자. 이 어린 소녀에게는 실제적인 학대와 범행보다도 자신을 위로해 줄 거라고 기대한 바로 그 사람으로부터 배신당하고 정당화되지 못했다는 것이 더 큰 외상일 수 있지 않을까? 대답은 아동에게 달려 있다. 이것이 그들의 치료자로부터 존중되고 정당화되어야 할 그들의 이야기이다.

아동의 이야기는 치료자나 부모의 것이 아닌 자신의 시간틀 안에서 이야기된다. 아동에게 그들의 시간을 따라가도록 하는 것은 때로 어려운 과정이 될 수 있는데, 법적 혹은 범죄의 진행에 따른 부모(와 치료자)의 불안 때문이다. 나의 임상적 경험에 비춰 보면, 시간이 지나면 일련의 폭로가 이뤄지는 가운데 학대나 외상에 관해 드러내게 될 것이라는 점이다. 치료 과정이 진행되면서 외상이 다시 떠오르게 되므로 이는 부모에게 특히나 고통스러운 경험이 될 수 있지만, 그 아동은 그 이야기를 하기 위해 단어를 찾아가면서 외상적 사건에 관하여 새로운 정보를 얻을 수 있다. 이제 아동은 언어적 단어로 말하지 않고도 자신의 이야기를 할 수 있고, 이것이 놀이치료의 힘이라는 점을 기억하자. 아동은 자신의 모든 감각을 통한 언어로 그 이야기를 할 것이다.

외상 이야기를 만들어 가는 것은 소리 없이 무기력하게 느껴졌던 자신에게 권한과 목소리를 부여한다. 아동은 자신의 주변과 자신에게 일어났던 사건들에 대해 감각을 가지기 시작함에 따라 두렵고 무기력하던 느낌을 정복하는 것을 배운다. 나와 작업했던 내담자들을 보면, 이것이 항상 사건의 연대기적인 시간표로 이루어지지 않는다. 어떤 아동에게 있어서 이야기는 관련된 정서의 강도, 두려운 느낌의 수준 그리고 성인과 양육자에 대한 신뢰 회복에 달려 있다. 반면, 다른 이들은 그들의 어린 마음에 구체적인 이야기를 주기 위해 일어났던 사건들의 시간표가 필요하게 될 것이다.

부모—자녀 관계 증대하기

치료적 과정을 통해 부모나 양육자가 불쾌하지 않게 함께 관여하는 것은 매우 중요하다. 아동과 외상에 대해 작업하면서, 부모와 아동의 신뢰는 회복되고 강화되어야 할 작업이다. 외상의 영향 중 하나는 세상은 안전하지 않고 부모가 아동을 보호할 수 없다는(이것이 외상적 경험의 본질과 상관없는 진실이지만) 신념이라는 점을 기억하자. 아동이 세상에 건강하고 적응적 방식으로 참여하고 치유되기 위해서는 안전감이 요구되며, 이를 위해서는 부모와의 관계 재건이 필요하다.

아동은 부모가 발전하려고 노력하는 만큼 발전할 수 있는데, 아동이 가정 체계에서 가장 취약한 구성원이기 때문이다. 부모는 가정과 관계에서 안전감을 만들 힘이 있는 개인이다. 치료적 과정이 지속됨에 따라 부모가 아동과 놀이치료에 참여하는 것은 중요하며 종종 치유 과정의 일부를 전망하게 된다.

외상 전 자기와 외상 후 자기의 통합

치유 과정의 마지막 단계에서는 아동의 자기가 독단적으로 존재하지 않고 통합되는 것이 외상을 받아들이는 데 결정적 요소이다. 많은 내담자는 "나는 단지 원래대로 돌아가고 싶을 뿐이에요." "나는 단지 다시 예전의 내가 되고 싶어요."라고 한탄한다. 자기의 '옛' 부분이 상실되었다는 느낌은 정상적이며, 외상적 사건 경험을 당한 많은 개인에게 진행되는 애도 과정의 일반적인 부분이다. 그것은 순수함의 상실, 관계의 상실, 자기의 상실이며, 외상이 반복되는 경험이라면 특히 더 하다.

근본적 수용의 개념인 변증법적 치료(DBT)를 활용함에 있어서, 외상 전 자기와 외상 후 자기를 통합하는 것은 중요한 부분이다. 리사 디에츠(Lisa Dietz)는 "근본적이라는 것은 완전하고 전체적이라는 의미이다. 당신이 당신 영혼의 깊이로부터 어떤 것을 수용하는 것이다. 당신의 생각을, 당신의 가슴을, 당신의 몸을 수용한다는 것이다. 이것은 전체적이고 완전하다. 당신이 어떤 것을 완전히 수용할 때 그것과 싸우지 않는다. 당신이 현실과 싸우기를 멈출 때이다. 그것이 근본적 수용이라는 것이다."(Dietz, n.d.)라고 언급했다. 연령이 낮거나 높은 내담자는 외상적 경험이 실제로 일어났고 이 사건이 일어난 사실을 변화시키기 위해 할 수 있는 일이 아무것도 없다는 것을 수용할 수 있어야 한다. 그리고 그들이 한 인간으로서, 그들의 자기로서 누구이며, 그들이 어떻게 앞으로 세상을 안내해 갈지 규정하지 않아야 할 것이다. 이러한 사건이 실제로 일어났다는 것을 수용하고 그들의 삶의 이야기의 한 장에 불과하다는 것을 받아들일 때 진정한 치유와 통합이 일어날 수 있다. 앞을 향한 전진은 일어날 수 있고 일어나고 있다! 그리고 가장 중요한 것은, 내담자가 그들의 삶의 나머지를 쓰면서 해결해 간다는 것이다.

놀이치료와 외상 / PTSD

놀이는 말할 수 없는 것에 단어가 된다. 우리 대부분에게는 외상의 순간에 느낀 공포와 무력감을 묘사할 적절한 단어가 없다. 놀이치료는 아동의 이야기에 언어가 되어 줄 수 있고, 그뿐만 아니라 그 공포, 두려움 및 상실을 실체적인 물리적 상태로 가져온다(끊임없이 재경험되는 실체 없는 경험 속에서 내적으로 떠도는 수영이 되기보다는). 이전 장에서 광범위하게 논의했듯이, 놀이치료는 많은 형태가 있다. 외상을 경험한 아동을 위해서는 통합적 관점으로 접근하는 놀이치료를 사용할 것을 제안하는데, 이는 치료의 적용에 있어 다양한 이론적 경향을 혼합한다는 의미이다(Gil, 1991). 동시에, 아동중심 접근을 활용하는 것이 최선의 방법이다. 그러나 치료의 과정을 통해, 보다 구조적이거나 외상중심 인지행동치료(TF-CBT)가 필요하기도 하다. 가장 중요한 것은 임상가가 외상을 잘 아는 치료자가 되는 것이고, 외상에 대한 추가적인 훈련과 그들의 치유 여정에서 아동과 부모를 돕는 데 적절하게 훈련되었음을 확증하는 놀이치료를 찾는 것이다.

나의 안전 장소 모래상자 만들기

11세 내담자의 안전 장소 모래상자

외상 기반 놀이치료의 초기 단계에, '안전'의 개념과 '안전한' 느낌을 스스로 이해하고 정의하도록 내담자는 돕는 것은 아동과 치료자 사이에 강한 치료적 관계를 발전하도록 돕는다. 모래상자와 상징적 은유를 사용하는 것이 유용한데, 아동이 외상 경험 동안 어떻게 안전과 반대되는 느낌을 경험하였는지에 대해 단어나 언어로 표현하기 어려운 경우 특히 그러하다. 이 구조적 모래상자 개입에서, 치료자는 먼저 '안전'이라는 단어가 의미하는 것이 무엇인지 아동과 대화를 나눈 뒤, 아동에게 모래상자에 자신만의 안전 장소를 만들어 보도록 한다. 이것은 실제적인 장소, 상상의 장소, 가기 원하는 장소, 가 봤던 장소 모두 가능하다. 거기엔 어떤 지시도 주어진 세부 사항도 없고, 아동이 이 과정을 주도하며 보여 주면 된다.

아동이 모래상자가 완성됐다고 하면, 그 모래상자가 아동에게 의미하는 것이 무엇인지, 각각의 피겨가 의미하는 것은 무엇인지, 뿐만 아니라 아동이 그 모래상자를 보면 어떤 느낌인지 나눌 수 있다. 치료자로서 모래상자에서 아동을 구하려고 하거나 당신 자신의 안전을 나타내려 하면 안 된다는 점을 명심하자. 이 개입에서, 특히 치료의 초기단계에서는 아동은 자신의 모래상자에 혼란스러운 묘사나 숨어 있는 위험에 관한 주제를 보여 줄 수 있다. 이는 치유 과정의 일부가 되고, 외상 치료 과정에서 아동이 현재 어느 위치에 있는지에 관한 많은 정보를 제공해 줄 것이다.

　아동과 함께 치료의 진전을 기록하는 방법 중 한 가지는 치료의 여정 동안 모래상자 사진을 찍어 놓도록 하는 것이다. 종결 활동을 하면서, 우리는 '안전 장소' 모래상자를 만들 것이고, 초기 안전 장소와 비교해 보고, 치료 서비스가 끝남에 따라 안전 장소를 집에 가져갈 수 있다. 치료 시작에 만든 아동의 모래상자와 치료 끝에 만든 것은 극명한 비교를 이룰 것인데, 거기에는 안전에 대한 그들의 이해가 포함되고 자기개념과 통합된 아동의 이해 부분이 될 것이다.

준비물
모래상자
다양한 피겨

진행 방법
1. 아동에게 모래상자에 자시의 안전 장소를 나타내 보도록 한다. 완성을 위해 필요한 만큼 시간을 준다.

2. 아동에게 자신의 모래상자에 관해 이야기해 보게 한다. "너는 왜 그렇게 했니?"와 같은 질문을 하지 않도록 명심한다.

3. "너에게 '안전'의 의미는 무엇이니?"라고 묻는다. 아동이 어떻게 정서적·신체적으로 안전의 느낌을 경험했는지 탐색할 수 있다. 그뿐만 아니라 안전의 느낌을 한 번도 경험해 본 적 없는 일부 아동에게 이 의미를 이해할 수 있도록 도울 수 있다.

나의 비밀상자

외상, 학대 및 방임을 경험한 많은 아동은 가해자로부터 비밀을 유지하도록 회유당했거나, 다른 사람에게 말했을 때 거부나 보복의 두려움이 있었거나, 그들 주변의 성인들로부터의 무관심으로 인해 많은 비밀을 갖고 있다(Gil, 1991). 아동은 임상가의 치료적 관계 속에 신뢰가 쌓이면서 일련의 개방을 통해 학대나 방임을 한 겹 한 겹 드러낼 것이다. 특히 치료자가 한 번에 모든 언어적 개방을 하길 기대한다면, 이는 일부 치료자에게 좌절 경험이 될 수 있다.

성 학대 특성상 내담자가 가해자와 직접적인 관계에 놓여 있거나, 가족 구성원이나 가까운 친구로서 사랑하는 이들이 어떤 식으로든 다치거나 처벌받을 것에 대한 두려움으로 학대를 드러낼 준비가 되어 있지 않을 가능성이 매우 높다. 많은 학대받은 아동이 학대를 가하거나 학대의 원인 제공자들에게 책임감을 느낀다.

학대나 방임을 경험해 온 아동에게 신뢰와 안전의 개념을 가르치는 데는 시간이 걸린다. 이러한 개입은 시간이 흐르면서 안정감이 형성됨에 따라 신뢰를 점검하는 치료자와 내담자 사이의 관문이 될 수 있다. 내담자에게 비밀을 처리할 기회를 줌으로써 내담자는 자신이 지고 가던 짐에서 자유로워지는 허용을 느끼게 된다. 이 활동의 속도를 내담자가 선택하여 학대를 개방하든 비밀을 유지하든(아동이 비밀을 유지하더라도 다른 의미로 완벽히 조절의 영역 밖에 있던 상황에서 어느 정도의 조절을 경험하게 된다) 자신이 선택할 수 있다는 느낌을 받는 데 매우 요긴하다.

준비물
뚜껑이 달린 상자(크기 자유)
매직
펜

진행 방법
1. 상자 밖을 아동에게 꾸미도록 하는데, 이것이 그들의 비밀상자라는 점을 이해하도

록 하는 것이 좋다.

2. 내담자와 비밀의 정의가 무엇인지, 그리고 안에 든 비밀을 유지할 때 내담자가 느끼는 감정이 무엇인지 나누며 진행한다.

3. 아동에게 그들이 최근에 지니고 있는 어떤 비밀에 대해 적거나 그림을 그리도록 하는데, 지금 치료자에게 말하거나 보여 주어야 하는 것은 아니고 선택할 수 있다는 점을 상기시킨다.

4. 아동이 비밀을 쓰거나 그리기를 마치면, 우선 그것을 접어서 상자 안에 담도록 한다. 그런 다음 아동은 선택한 대로 상자를 안전하게 닫고, 치료자에게 다음 회기까지 상자를 안전한 곳에 보관해 달라고 할 수 있다.

5. 다음 회기에, 아동에게 상자에서 하나의 비밀을 선택해서 치료자에게 보여 줄 수 있는지 묻는다. 비밀이 무엇인지, 그것이 아동에게 어떤 의미가 있는지, 그것과 관련된 두려움이나 불안이 있는지 탐색한다.

나의 블랑코 인형과 나의 이야기하기

11세 아동의 블랑코 인형 이야기

아동의 외상 이야기는 언어적일 필요는 없는데, 아동은 자신의 정서가 어떠한지 혹은 무엇을 생각하는지 적절히 기술할 단어를 종종 찾지 못한다(감정표현 불능증을 기억해 보라). 그러나 미술 기반 표현적 '이야기'를 통해 아동은 경험에 관한 이야기를 비로소 시작할 수 있다. '나의 블랑코' 인형을 사용하는 것은 훌륭한 자원인데, 아동에게 백지와 같은 역할도 하고 감당하기 어려운 기분과 정서를 담아내는 역할도 한다. 외상에 대한 이야기를 만들어 가면서, 아동은 필요한 언어를 찾아가고 정서적으로 강화된다. 메리 앤 피보디(Mary Ann Peabody) 박사는 "우리는 아동의 이야기를 바꾸지 못하지만, 우리가 바꿀 수 있는 것은 아동이 그들의 이야기를 스스로 어떻게 느끼는지이다."(Play Therapy, 2011 참조)라고 하였다.

준비물
나의 블랑코 인형
수성 펜
스티커, 테이프 등
흰 종이

진행 방법

1. 아동에게 아무것도 칠해져 있지 않은 '나의 블랑코' 인형과 수성 펜을 준다.

2. 아동에게 자신이 어떻게 느끼는지 그리거나 장난감에 관한 이야기를 그리도록 한다.

3. 시간은 필요한 만큼 제공하고, 완벽히 그릴 필요가 없으며 어떻게 보일지 스스로 결정하면 된다는 점을 아동에게 알려 준다.

4. 아동이 이야기를 할 준비가 된 느낌이면, 그것에 관해 묻는다. '그' 이상 이야기할 필요가 없음을 꼭 알려 준다.

5. 아동이 그 이야기에 관해 어떻게 느끼는지 이야기할 준비가 되면 아동의 생각과 감정, 지금 막 떠오르는 느낌을 모두 탐색한다. 당신은 "나는 그 원숭이가 우리가 그 이야기에 관해 얘기하는 것을 어떻게 느끼는지 궁금하구나." 혹은 "와, 원숭이가 어떤 기분일지 궁금하구나?"라고 물어볼 수 있다.

6. 회기의 끝에 그 이야기 사진을 찍는다. 아동이 사진 복사본을 갖기를 원하면 제공할 수 있다.

바운딘

　바운딘(Boundin)은 일반적인 삶의 변화부터 감정을 다치고 실망하는 것과 같은 작은 고통에 이르기까지 어려운 삶의 경험을 한 모든 내담자에게 적용할 수 있는 개입이다. 이 개입은 치료의 시작, 중간, 끝 모두에 사용될 수 있다. 바운딘은 적응 유연성 개념을 가르치고 내담자의 이야기를 정당화하도록 도우며 다시 한번 목소리를 발견하여 이겨 내도록 하는 데 효과적이다. 이 개입은 개인·가족·집단 치료에 사용될 수 있다. 가족이나 집단에 사용될 때, 치료자는 반영적 경청 기술을 잘하도록 도울 수 있고, 참여자들이 공감과 이해를 형성하기 위한 다른 사람의 반응을 살펴보도록 도울 수 있다.

준비물
픽사(Pixar)의 애니메이션 〈바운딘〉
손인형
(선택 사항: 탱탱볼, 매직 스크래치 종이, 〈바운딘〉 삽입곡 가사)

진행 방법
1. 집단원들을 둥글게 앉게 한다. 일대일로 작업하기 원한다면 내담자에게 편한 자리에 앉게 한다.

2. 삶의 굴곡에 대한 심리교육을 한다. 삶의 굴곡은 삶은 언제나 우리의 계획대로 되는 것은 아니며, 때로는 예기치 않게 마음 상하는 일, 실망스러운 일, 고군분투하는 일이 일어나기도 한다는 의미이다. 적응 유연성이란 이러한 어려운 일을 뚫고 나가고 어떻게 극복할지 풀어 가는 능력이라고 설명한다.

3. 〈바운딘〉을 시청한다.

4. 내담자에게 어떤 어려웠던 사건이나 일이 있었는지 묻는다. 내담자가 그 영상과 어떻게 연결하였는지 묻는다.

5. 내담자에게 손인형을 통해 그 어려운 사건을 묘사하고 어떻게 극복했는지 나타내

도록 한다. 다음과 같은 방법이 있다.

인지행동치료(CBT) 방법

부정적/파괴적 생각과 긍정적/현실적 생각의 차이를 설명한다. 우리의 생각이 일어
난 사건에 관한 감정과 행동에 어떠한 영향을 미치는지 기술한다. 〈바운딘〉 삽입곡의
가사를 읽고 핵심 부분을 강조한다. 노래 가사 중 긍정적 진술을 찾아서 매직 스크래치
종이에 적어 보도록 한다.

실험적 방법

탱탱볼을 준비한다. 내담자에게 공을 땅에 던지며 겪어 내기 어려웠거나 고통스러웠
던 것을 말하게 한다. 공이 돌아올 때, 내담자는 그것을 어떻게 회복했는지 말할 수 있
다. 탱탱볼은 회기에서 배운 것을 기억하기 위해 집에 가져갈 수 있다.

무너진 장벽 마음 개입

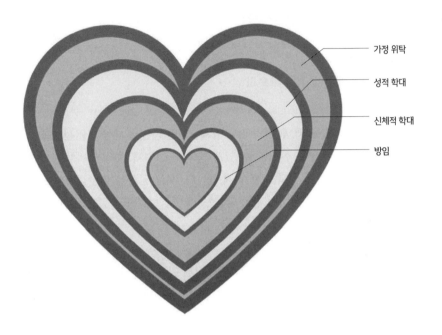

가정 위탁
성적 학대
신체적 학대
방임

　무너진 장벽 마음 개입은 관계에서 애착 문제나 애착 상처를 경험한 내담자를 위한 것이다. 외상, 거부, 유기, 수양 양육, 파양, 방임, 학대, 죽음, 그리고 반응성 애착 장애를 포함하는 애착 문제 전반에 적용할 수 있다.

　이 개입은 치료의 중기에 적용하는 것이 가장 좋다. 이는 치료적 라포와 애착사에 대한 이해를 필요로 하는데, 당신이 촉발 사건과 깊은 감정을 이해하고 있기 때문이다. 치료자는 치료의 초기에는 은유를 통해 애착을 기술할 수 있는데, 치료적 신뢰가 형성되고 건강한 대처 기술이 사용되기 전까지는 그 사건이나 과정에 이름 붙이기를 추천하지 않는다.

　내담자의 외상의 수준과 문제를 나눌 마음의 준비가 돼 있느냐에 따라 몇 회기에 걸쳐 진행되고 완성될 수 있다. 이 개입은 또한 시간에 따라 외상의 이야기를 하는 것을 도울 수 있다.

준비물

종이와 매직

모래상자, 하트 모양의 과자 틀

진행 방법

1. 외상과 애착에 대해 다음과 같이 설명한다.

　당신이 아기였을 때, 당신의 필요가 채워지면 당신은 세상이 안전하다는 것을 배우고 당신을 돌보는 어른을 신뢰할 수 있게 됩니다. 그렇지 않다면 세상은 안전하지 않다고 배우고, 다른 사람을 의지할 수 없게 됩니다. 혹은 당신을 불안정하게 느끼도록 만드는 뭔가 나쁜 일(외상)이 일어났다면, 당신은 자신을 보호하기 위해 당신 마음 주변에 장벽을 쌓기 시작합니다.

2. 내담자에게 자신의 마음에 장벽을 쌓게 만든 사건이나 일에 대해 말해 보게 한다. 종이를 사용한다면, 그림을 그려서 장벽에 이름을 붙이게 한다. 만일 모래상자를 사용한다면 과자 틀을 이용해 장벽을 만든다.

3. 내담자의 삶에서 어떤 사람들이 어떻게 마음을 닫도록 만들었는지 이야기해 보게 한다(만일 모래상자를 사용한다면. 그 사람들을 나타내는 피겨를 가지고 한다). 아동이 어떻게 하면 안전한 사람들을 자신의 마음 가까이에 오게 할 수 있을지에 대해 이야기를 나눈다(당신은 장벽을 넘는 사다리를 사용할 수 있다).

4. 삶의 어떤 지점에서는 우리 모두 자신을 보호하기 위한 장벽이 필요하며 그런 장벽은 항상 나쁜 것이 아니라는 점을 설명한다. 그러나 이제 아동은 누가 안전하고 그들을 안에 들일지 선택할 수 있다는 점을 인식시킨다.

추가 아이디어

미래 회기에 참조하거나 마음을 재건할 때 쓰기 위해 사진을 찍는다(예: 만일 아동이 양육자를 멀리 밀쳐 놨다면, 이후 회기 작업이 정말 잘 되는 날에, 그 사진은 이전에 상처받은 경험 때문에 가까이 두기를 두려워한다는 것을 정상화하는 데 도움을 줄 수 있다).

참고문헌

Abramowitz, J. S., & Jacoby, R. J. (2014). Obsessive-Compulsive Disorder in the DSM-5. *Clinical Psychology Science and Practice, 21*(3), 221-234.

American Academy of Child and Adolescent Psychiatry. (July 2013). Obsessive-Compulsive disorder in children and adolescents. Retrieved from: http://www.aacap.org/AACAP/Families_and_Youth/Facts_for_Families/FFF-Guide/Obsessive-Compulsive-Disorder-In-Children-And-Adolescents-060.aspx

American Psychological Association. (2014). *Diagnostic and Statistical Manual of Mental Disorders* (5th ed.). Washington, DC: Author.

Anderson, M., Cesur, R., & Tekin, E. (2015). Youth depression and future criminal behavior. *Economic Inquiry, 53*(1), 294-317. doi:10.1111/ecin.12145

Association for Play Therapy. (2016). Why play therapy? Retrieved from: http://www.a4pt.org/page/WhyPlayTherapy

Association for Play Therapy. (Jan 29, 2011). *Play therapy works!* [video file]. Retrieved from: https://www.youtube.com/watch?v=_4ovwAdxCs0

Atkins Loria, S., Macdonald, H., & Mitterling, C. (2015). Young African American men and the diagnosis of conduct disorder: The neo-colonization of suffering. *Clinical Social Work Journal, 43*(4), 431-441. doi:10.1007/s10615-015-0531-8

Autism Society of America. (2017). What Is Autism? [Blog post]. Retrieved from: http://www.autism-society.org/what-is/

Axline, V. M., & Carmichael, L., (1947). *Play Therapy: The Inner Dynamics of Childhood*. Boston: Houghton Mifflin Co.

Baron-Cohen, S. (1995). *Mindblindness: An Essay on Autism and Theory of Mind*. Cambridge, MA: MIT Press/Bradford Books.

Baron-Cohen, S. (2000). Autism and theory of mind. In J., Hartley, & A.

Branthwaite (Eds.), *The Applied Psychologist*, 181-194. New York, NY: Taylor and Francis.

Baggerly, J. (2004). The effects of child-centered group play therapy on self-concept, depression, and anxiety of children who are homeless. *International Journal of Play Therapy, 13*(2), 31-51.

Barkley, R. A. (2000). Commentary on the multimodal treatment study of children with ADHD. *Journal of Abnormal Child Psychology, 28*(6), 595.

Barry, L., & Burlew, S. (2004). Using social stories to teach choice and play skills to children with autism. *Focus on Autism and Other Developmental Disabilities, 19*(1), 45-51.

Bartz, J. A. (2012). Oxytocin, attachment, betrayal, and self-interest: A commentary on "oxytocin modulates the link between adult attachment and cooperation through reduced betrayal aversion" by Carsten K. W. De Dreu, *Psychoneuroendocrinology, 37*(7), 1106. doi:10.1016/j.syneuen.2011.10.033

Beaumont, R., & Sofronoff, K. (2008). A multi-component social skills intervention with children with Asperger Syndrome: The junior detective training program. *The Journal of Child Psychology and Psychiatry, 49*(7), 743-753.

Boer, O. E., & Tranent, P. J. (2013). Conceptualizing the relationship between maternal parenting style and adolescent self-esteem: A pragmatic approach. *Journal of Relationships Research, 4*(7). Retrieved from: http://dx.doi.org.libproxy2.usc.edu/10.1017/jrr.2013.5

Booth, P. B., & Jernberg, A. M. (2010). *Theraplay*. San Francisco, CA: Jossey-Bass.

Bratton, S. C., Ceballos, P. L., Sheely-Moore, A. L., Proncehnko, Y., & Jones, L. D. (2013). Head start early mental health intervention: Effects of child-centered play therapy on disruptive behaviors. *International Journal of Play Therapy, 22*(1), 28-42.

Bratton, S., Ray, D., Rhine, T., & Jones, L. (2005). The efficacy of play therapy with children: A meta-analytic review of treatment outcomes. American Psychological Association. *Professional Psychology: Research and Practice, 26*(4), 376-390.

Brown, H. M., Meiser-Stedman, R., Woods, H., & Lester, K. J. (2014). Cognitive vulnerabilities for depression and anxiety in childhood: Specificity of anxiety sensitivity and rumination. *Behavioural and Cognitive Psychotherapy, 44*(1), 30-42. doi: 10.1017/S1352465814000472

Buchheim, A., Heinrichs, M., George, C., Pokorny, D., Koops, E., Henningsen, P., & Gündel, H. (2009). Oxytocin enhances the experience of attachment security. *Psychoneuroendocrinology, 34*(9), 1417-1422. doi:10.1016/j.psyneuen.2009.04.002

Christian, K. M., Russ, S., & Short, E. J. (2011). Pretend play processes and anxiety: Considerations for the play therapist. *International Journal of Play Therapy, 20*(4), 179-192. Retrieved from: http://libproxy.usc.edu/login?url=http://search.proquest.com.libproxy1.usc.edu/docview/889441475?accountid=14749

Coplan, J. (2010). *Making Sense of Autistic Spectrum Disorders.* NY: Bantam Books.

Cotugno, A. (2009). Social competence and social skills training and intervention for children with autism spectrum disorders. *Journal of Autism Development Disorder, 39*(0), 1268-1277.

Crenshaw, D. A., & Kenney-Noziska, S. (2014). Therapeutic presence in play therapy. *International Journal of Play Therapy, 23*(1), 31-43. Retrieved from: http://dx.doi.org.libproxy1.usc.edu/10.1037/a0035480

Dawson, G., McPartland, J., & Ozonoff, S. (2002). *A Parent's Guide to Asperger's Syndrome & High-Functioning Autism.* NY: The Guilford Press.

De Bellis, M. D., Clark, D. B., Casey, B. J., Giedd, J. N., Boring, A. M., Frustaci, K., & Ryan, N. D. (1999). Developmental traumatology part II: Brain development. *Society of Biological Psychiatry, 45*, 1271-1284.

DeHart, T., Pelham, B. W., & Tennen, H. (2006). What lies beneath: Parenting style and implicit self-esteem. *Journal of Experimental Social Psychology, 42*(1), 1-17. doi:10.1016/j.jesp.2004.12.005

Diamond, G., & Josephson, A. (2005). Family-based treatment research: A 10-year update. *Journal of the American Academy of Child & Adolescent Psychiatry, 44*(9), 872-887. doi:10.1097/01.chi.0000169010.96783.4e

Dietz, L. (n.d.). Radical Acceptance Part 1. [blog post]. Retrieved from: http://www.

dbtselfhelp.com/html/radical_acceptance_part_1.html

Eller, S. M. (2011). Play therapy with adults. *Play Therapy Magazine, 6*(2), 16-20.

Exkorn, K. S. (2005). *The Autism Sourcebook.* NY: HarperCollins Publishers.

Fine, S., & Willingham, E. J. (2011). Play therapy. In J. L. Longe (Ed.), *The Gale Encyclopedia of Children's Health* (2nd ed.), 3, 1756-1759. Detroit: Gale. Retrieved from: http://go.galegroup.com.libproxy1.usc.edu/ps/i.do?id=GALE% 7CCX1918500598&sid=summon&v=2.1&u=usocal_main&it=r&p=GVRL&sw=w& asid=bd2277d52f69ff8be145583647101b20

Fraser (2011). *Developing Appropriate Social Skills in Children with Autism.* Minneapolis, MN: Author.

Frojd, S., Nissinen, E., Pelkonen, M., Marttunen, M., Koivisto, A., & Kaltiala-Heino, R. (2008). Depression and school performance in middle adolescent boys and girls. *Journal of Adolescence, 31*(4), 485-498. doi:10.1016/j. adolescence.2007.08.006

Garza, Y., & Bratton, S. (2005). School-based child-centered play therapy with Hispanic children: Outcomes and cultural considerations. *International Journal of Play Therapy, 14*(1), 51-79.

Gathright, M. M., & Tyler, L. H. (2014). *Disruptive Behaviors in Children and Adolescents.* Little Rock, AK: University of Arkansas for Medical Sciences.

Gledhill, J., & Hodes, M. (2015). Management of depression in children and adolescents: Depression in young people. *Progress in Neurology and Psychiatry, 19*(2), 28-33. doi:10.1002/pnp.375

Gil, E. (1991). *The Healing Power of Play.* New York, NY: The Guilford Press.

Gil, E. (2015). *Play in Family Therapy.* New York, NY: The Guilford Press.

Gil, E., & Terr, L. (2010). *Working with Children to Heal Interpersonal Trauma: The Power of Play.* New York, NY: The Guilford Press.

Gold-Steinberg, S., & Logan, D. (1999). Integrating play therapy in the treatment of children with obsessivecompulsive disorder. *American Journal of Orthopsychiatry, 69*(4), 495-503.

Grant, R. J. (2015). Family play counseling with children affected by autism. In E. J.

Green, J. N. Baggerly, & A. C. Myrick (Eds.), *Counseling Families: Play-Based Treatment.* Lanham, MD: Rowman & Littlefield.

Grant, R. J. (2016a). *AutPlay Therapy for Children and Adolescents on the Autism Spectrum: A Behavioral Play-Based Approach.* New York, NY: Routledge.

Grant, R. J. (2016b). *Play-Based Interventions for Autism Spectrum Disorders and Other Developmental Disabilities.* New York, NY: Routledge.

Gresham, F. M., Cook, C. R., Crews, S. D., & Kern, L. (2004). Social skills training for children and youth with emotional and behavioral disorders: Validity considerations and future directions. *Behavioral Disorders, 30*(1), 32-46.

Hannesdottir, D. K., & Ollendick, T. H. (2007). The role of emotion regulation in the treatment of child anxiety disorders. *Clinical Child and Family Psychology Review, 10*(3), 275-293. doi:10.1007/s10567-007-0024-6

Jaycox, L., Stein, B., Paddock, S., Miles, J., Chandra, A., Meredith, L., Tanielian, T., Hickey, S., & Burnam, A. (2009). Impact of teen depression on academic, social, and physical functioning. *Pediatrics, 124*(4), 596-605. doi:10.1542/peds.2008-3348. PMID: 19736259. Retrieved from: http://www.ncbi.nlm.nih.gov/pubmed/19736259

Josefi, O., & Ryan, Y. (2004). Non-directive play therapy for young children with autism: A case study. *Clinical Child Psychology and Psychiatry, 9,* 533-551.

Kaduson, H. G. (2006a). Release play therapy for children with posttraumatic stress disorder. In H. G. Kaduson & C. E. Schaefer (Eds.), *Short-Term Play Therapy for Children, 2,* 3-21. New York, NY: The Guilford Press.

Kaduson, H. G. (2006b). Short-term play therapy for children with attention-deficit/hyperactivity disorder. In H. G. Kaduson & C. E. Schaefer (Eds.), *Short-Term Play Therapy for Children, 2,* 101-144. New York, NY: The Guilford Press.

Kaduson, H. G., & Schaefer, C. E. (2006). *Short-Term Play Therapy for Children* (2nd ed.). New York, NY: The Guilford Press.

Kahn, T. R., & Hanna, F. J. (2000). Disruptive behavior disorders in children and adolescents: How do girls differ from boys? *Journal of Counseling and Development. 78*(3), 267-275.

Knell, S. M., & Dasari, M. (2006). Cognitive-behavioral play therapy for children with anxiety and phobias. In H. G. Kaduson & C. E. Schaefer (Eds.), *Short-Term Play Therapy for Children, 2*, 22-50. New York, NY: The Guildford Press.

Kottman, T. (2013). *Play Therapy: Basics and Beyond* (2nd ed.). Alexandria, VA: American Counseling Association.

Kronenberger, W. G., & Meyer, R. G. (2001). *The Child Clinician's Handbook* (2nd ed.). Needham, MA: Allyn and Bacon.

Krysan, M., Moore, K. A., & Zill, N. (2010). Identifying successful families: An overview of constructs and selected measures. *Child Trends, Inc.* U.S. Department of Health and Human Services. Retrieved from: http://www.aspe.hhs.gov

Landreth, G. (2002). *Play Therapy: The Art of the Relationship*. New York, NY: Brunner-Routledge.

Laushey, K., & Heflin, L. J. (2000). Enhancing social skills of kindergarten children with autism through the training of multiple peers as tutors. *Journal of Autism and Developmental Disorders, 30*(3), 183-193.

Lowenstein, L. (2006). *Creative Intervention for Children of Divorce*. Toronto, Canada: Champion Press.

Lowenstein, L. (1999). *Creative Interventions for Troubled Children and Youth*. Toronto, Canada: Champion Press.

Luby, J. L. (2010). Preschool depression: The importance of identification of depression early in development. *Current Directions in Psychological Science, 19*(2), 91.

Lyness, D. (2015). *The Story of Self-Esteem* [PDF file]. Retrieved from: https://kidshealth.org/en/kids/selfesteem.html.

Meany-Walen, K. K., Bratton, S. C., & Kottman, T. (2014). Effects of Adlerian play therapy on reducing students' disruptive behaviors. *Journal of Counseling & Development, 92*(1), 47-56. doi:10.1002/j.1556-6676.2014.00129.x

Miller, G. E., & Prinz, R. J. (2003). Engagement of families in treatment for childhood conduct problems. *Behavior Therapy, 34*, 517-534.

Monteiro, M. (2016). *Family Therapy and the Autism Spectrum: Autism Conversations in Narrative Practice*. New York, NY: Routledge.

Moor, J. (2008). *Playing, Laughing and Learning with Children on the Autism Spectrum: A Practical Resource of Play Ideas for Parents and Caregivers*. Philadelphia, PA: Jessica Kingsley Publishers.

Mrug, S., Hoza, B., & Gerdes, A. C. (2001). Children with attention-deficit/hyperactivity disorder: Peer relationships and peer-oriented interventions. *New Directions for Child and Adolescent Development, 2001*(91), 51. doi:10.1002/cd.5

Myrick, A. C., & Green, E. J. (2012). Incorporating play therapy into evidence-based treatment with children affected by obsessive-compulsive disorder. *International Journal of Play Therapy, 21*(2), 74-86.

O'Connor, C., & Stagnitti, K. (2011). Play, behavior, language and social skills: The comparison of play and a nonplay intervention within a specialist school setting. *Research in Developmental Disabilities, 32*(0), 1205-1211.

Parker, N., & O'Brien, P. (2011). Play therapy: reaching the child with autism. *International Journal of Special Education, 26*(1), 80-87.

Powell, M. L., Newgent, R. A., & Lee, S. M. (2006). Group cinematherapy: Using metaphor to enhance adolescent self-esteem. *The Arts in Psychotherapy, 33*(3), 247-253. doi:10.1016/j.aip.2006.03.004

Porter, M. L., Hernandez-Reif, M., & Jessee, P. (2009). Play therapy: A review. *Early Child Development and Care, 179*(8), 1025-1040. doi:10.1080/03004430701731613

Portrie-Bethke, T. L., Hill, N. R., & Bethke, J. G. (2009). Strength-based mental health counseling for children with ADHD: An integrative model of adventure-based counseling and Adlerian play therapy. *Journal of Mental Health Counseling, 31*(4), 323-339.

Post, P. (1999). Impact of child-centered play therapy on the self-esteem, locus of control, and anxiety of at-risk 4th, 5th, and 6th grade students. *International Journal of Play Therapy, 8*(2), 1-18. Retrieved from: http://libproxy.usc.edu/

login?url=http://search.proquest.com.libproxy1.usc.edu/docview/614360231?a
ccountid=14749

Quirmbach, L., Lincoln, A., Feinberg, M., Ingersoll, B., & Andrews, S. (2008). Social stories: Mechanisms of effectiveness in increasing game play skills in children diagnosed with autism spectrum disorder. Using a pretest posttest repeated measures randomized control group design. *Springer Science + Business Media, LLC.* doi:10.1007/s/10803-008-0628-9

Ray, D. C., Lee, K. R., Meany-Walen, K. K., Carlson, S. E., Carnes-Holt, K. L., & Ware, J. N. (2013). Use of toys in child-centered play therapy. *International Journal of Play Therapy, 22*(1), 43-57.

Ray, D. C., Schottelkorb, A., & Tsai, M. (2007). Play therapy with children exhibiting symptoms of attention deficit/hyperactivity disorder. *International Journal of Play Therapy, 16*(2), 95-111.

Rezvan, S., Bahrami, F., Abedi, M., MacLeod, C., Doost, H. R. N, & Ghasemi, V. (2012). Attachment insecurity as a predictor of obsessive-compulsive symptoms in female children. *Counseling Psychology Quarterly, 25*(4), 403-415.

Riviere, S. (2009). Short−term play therapy for children with disruptive behavior disorders. In H. G. Kaduson & C. E. Schaefer (Eds.), *Short−Term Play Therapy for Children* (2nd ed.). New York, NY: The Guilford Press.

Rubin, L. (2012). Playing in the autism spectrum. In L. Gallo−Lopez & L. C. Rubin (Eds.), *Play Based Interventions for Children and Adolescents with Autism Spectrum Disorders*, 19-35. NY: Routledge.

Trzesniewski, K., Moffit, T., Poulton, R., Donnellan, B., Robins, R., & Caspi, A. (2006). Low self-esteem during adolescence predicts poor health, criminal behavior, and limited economic prospects during adulthood. *Developmental Psychology, 42*(2), pp. 381-390. Doi: 10.1037/0012-1649.42.2.381

Schaefer, C. E., & O'Connor, K. J. (1983). *Handbook of Play Therapy*. New York, NY: Wiley.

Shoakazemi, M., Javid, M. M., Tazekand, F. E., Rad, Z. S., & Gholami, N. (2012). The effect of group play therapy on reduction of separation anxiety disorder in primitive school children. *Procedia−Social and Behavioral Sciences, 69*, 95-103. doi:10.1016/j.sbspro.2012.11.387

Shore, A. (1999). *Affect Regulation and the Origin of the Self: The Neurobiology of Emotional Development.* Hillsdale, NJ: Erlbaum.

Siegel, D., & Bryson, T. (2012). *The Whole-Brain Child: 12 Revolutionary Strategies to Nurture Your Child's Developing Mind.* New York, NY: Random House Publishing Group.

Solomon, E. P., & Heide, K. M. (2005). The biology of trauma: Implications for treatment. *Journal of Interpersonal Violence, 20*, 51-60.

Siahkalroudi, S. G., & Bahri, M. Z. (2015). Effectiveness of cognitive behavioral play therapy group on self-esteem and social skills in girl's elementary school. *Journal of Scientific Research and Development, 2*(4), 114-120.

Terr, L. (1992). *Too Scared to Cry, Psychic Trauma in Childhood.* New York, NY: Basic Books.

van der Kolk, B. (2006). Clinical implications of neuroscience research in PTSD. *Annals of the New York Academy of Sciences, 1071*(1), 277-293. doi:10.1196/annals.1364.022

van der Kolk, B. (2015). *The Body Keeps the Score.* New York, NY: Penguin Books.

VanFleet, R. (2014). *Filial Therapy: Strengthening Parent-Child Relationships Through Play* (3rd ed.). Sarasota, FL: Professional Resource Press.

Yarbro, J., Mahaffey, B., Abramowitz, J., & Kashdan, T. B. (2013). Recollections of parent-child relationships, attachment insecurity, and obsessive-compulsive beliefs. *Personality and Differences, 54*, 355-360.

Zhou, X., Hetrick, S., Cujipers, P., Qin, B., Barth, J., Whittington, C., Cohen, D., Del Giovane, C., Liu, Y., Michael, K., Zhang, Y., Weisz, J., & Xie, P. (2015). Comparative efficacy and acceptability of psychotherapies for depression in children and adolescents: A systemic review and network meta-analysis. *World Psychiatry, 14*(2), pp. 207-222. doi: 10.1002/wps.20217

찾아보기

인명

내용

저자 소개

Clair Mellenthin은 공인임상사회복지사(LCSW), 공인놀이치료 슈퍼바이저 (RPT-S)로, 서던캘리포니아대학교(University of Southern California)에서 사회복지로 석사학위를 받았다. 아동·청소년과 그 가족을 위한 놀이치료에 주력해 왔고, 최근 워새치 가족치료(Wasatch Family Therapy)의 아동·청소년 분야 책임자가 되었다. 놀 이치료 대학원생과 인턴의 슈퍼바이저로 명성이 높고, 서던캘리포니아대학교 의 료사회사업(MSW) 프로그램 부교수이다. 과거 유타주 놀이치료 협회장을 역임했 고, 현재도 이사로 활동하고 있다. 『My Many Colors of Me Workbook』(역자 주: 3~12세 아동에게 적합한 예술 기반 놀이치료 워크북으로서, 이 책으로 아동이 신체 내에서 감정 을 느끼는 곳을 이해하고, 감정을 표현하는 언어를 배움으로써 감정을 표현하는 새로운 방법을 배울 수 있다)을 저술했고, 숙련된 놀이치료 및 교수 경험을 통해 아동과 가족 문제 를 다루는 TV와 라디오에서 전문적인 놀이치료와 가족치료를 보여 주고 있다.

역자 소개

이순행(Lee, Soonhang)
이화여자대학교 심리학과 발달 및 발달임상전공 박사
전 이화여자대학교 연구원
　　가천대학교 연구교수
현 이화여자대학교 아동발달센터 연구원
　　가천대학교 초빙교수

역서

놀이의 대인관계 신경생물학(공역, 학지사, 2021)
놀이치료 2: 임상적 적용(공역, 학지사, 2019)
놀이치료 1: 이론과 기법(공역, 학지사, 2018)
놀이치료 기법(공역, 시그마프레스, 2009)

논문

자폐성장애 검사도구에 대한 체계적 문헌고찰(공동, 자폐성 장애연구, 2022)
학교 부적응 청소년의 상담 경험에 관한 현상학적 연구(공동, 교육심리연구, 2020)
참여적 유아 부모교육 프로그램 실행을 통한 연구자와 참여자의 교량 만들기(학습자중심교과교육연구, 2018)
현대애착이론과 놀이의 역동: 놀이치료 적용을 중심으로(한국인간발달학회, 2016)

심혜원(Shim, Haewon)

이화여자대학교 심리학과 상담심리학 박사

전 건양대학교 심리상담치료학과 교수

　　세원영유아아동상담센터 연구원

　　서울시립아동상담치료센터 상담원

현 한국상담대학원대학교 상담심리학과 교수

저 · 역서

한국 상담원로의 상담자로서의 삶(공저, 학지사, 2016)

ACT & RFT 커플상담 이론과 실제: ACT와 RTF를 활용하여 내담자가 깊은 친밀
　감을 갖고 건강하게 관여하도록 돕기(공역, 시그마프레스, 2014)

커플치료 과제 계획서(공역, 시그마프레스, 2013)

마인드풀 커플: 흔들리는 커플들을 위한 행복 참고서(공역, 시그마북스, 2011)

논문

모의 자율성 지지가 아동의 사회적 유능성에 미치는 영향: 의도적 통제와 공감
　능력의 매개효과(공동, 영유아아동정신건강연구, 2020)

양육스트레스가 스마트폰 중독경향성에 미치는 영향에서 결혼만족도와 마음챙
　김의 매개효과: 영아기 자녀를 둔 어머니를 중심으로(공동, 영유아아동정신건강
　연구, 2020)

중년여성의 부모화 경험에 관한 현상학적 연구(공동, 상담학연구, 2020)

그림책을 활용한 어머니 자기성찰 프로그램 개발 및 효과성 연구(공동, 영유아아
　동정신건강연구, 2018)

아동 장애별 치료를 위한 적극적이고 효과적인

놀이치료 기법

Play Theraphy: Engaging & Powerful Techniques
for the Treatment of Childhood Disorders

2022년 7월 30일 1판 1쇄 발행
2023년 9월 20일 1판 2쇄 발행

지은이 • Clair Mellenthin
옮긴이 • 이순행 · 심혜원
펴낸이 • 김진환
펴낸곳 • ㈜ **학지사**
　　　　　　04031 서울특별시 마포구 양화로 15길 20 마인드월드빌딩
대표전화 • 02)330-5114　　　　팩스 • 02)324-2345
등록번호 • 제313-2006-000265호

홈페이지 • http://www.hakjisa.co.kr
인스타그램 • https://www.instagram.com/hakjisabook
ISBN 978-89-997-2720-7 93180

정가 16,000원

출판미디어기업 학지사

간호보건의학출판 **학지사메디컬** www.hakjisamd.co.kr
심리검사연구소 **인싸이트** www.inpsyt.co.kr
학술논문서비스 **뉴논문** www.newnonmun.com
교육연수원 **카운피아** www.counpia.com